中华复兴之光
伟大科教成就

特色书院教育

周丽霞 主编

汕头大学出版社

图书在版编目（CIP）数据

特色书院教育 / 周丽霞主编. -- 汕头：汕头大学
出版社，2016.3（2023.8重印）
　　（伟大科教成就）
　　ISBN 978-7-5658-2442-5

　　Ⅰ．①特… Ⅱ．①周… Ⅲ．①书院－教育史－中国－
古代－通俗读物 Ⅳ．①G649.299-49

　　中国版本图书馆CIP数据核字（2016）第044220号

特色书院教育　　　　　　　　　TESE SHUYUAN JIAOYU

主　　编：周丽霞
责任编辑：任　维
责任技编：黄东生
封面设计：大华文苑
出版发行：汕头大学出版社
　　　　　广东省汕头市大学路243号汕头大学校园内　邮政编码：515063
电　　话：0754-82904613
印　　刷：三河市嵩川印刷有限公司
开　　本：690mm×960mm　1/16
印　　张：8
字　　数：98千字
版　　次：2016年3月第1版
印　　次：2023年8月第4次印刷
定　　价：39.80元
ISBN 978-7-5658-2442-5

前言

  党的十八大报告指出："把生态文明建设放在突出地位，融入经济建设、政治建设、文化建设、社会建设各方面和全过程，努力建设美丽中国，实现中华民族永续发展。"

  可见，美丽中国，是环境之美、时代之美、生活之美、社会之美、百姓之美的总和。生态文明与美丽中国紧密相连，建设美丽中国，其核心就是要按照生态文明要求，通过生态、经济、政治、文化以及社会建设，实现生态良好、经济繁荣、政治和谐以及人民幸福。

  悠久的中华文明历史，从来就蕴含着深刻的发展智慧，其中一个重要特征就是强调人与自然的和谐统一，就是把我们人类看作自然世界的和谐组成部分。在新的时期，我们提出尊重自然、顺应自然、保护自然，这是对中华文明的大力弘扬，我们要用勤劳智慧的双手建设美丽中国，实现我们民族永续发展的中国梦想。

  因此，美丽中国不仅表现在江山如此多娇方面，更表现在丰富的大美文化内涵方面。中华大地孕育了中华文化，中华文化是中华大地之魂，二者完美地结合，铸就了真正的美丽中国。中华文化源远流长，滚滚黄河、滔滔长江，是最直接的源头。这两大文化浪涛经过千百年冲刷洗礼和不断交流、融合以及沉淀，最终形成了求同存异、兼收并蓄的最辉煌最灿烂的中华文明。

五千年来，薪火相传，一脉相承，伟大的中华文化是世界上唯一绵延不绝而从没中断的古老文化，并始终充满了生机与活力，其根本的原因在于具有强大的包容性和广博性，并充分展现了顽强的生命力和神奇的文化奇观。中华文化的力量，已经深深熔铸到我们的生命力、创造力和凝聚力中，是我们民族的基因。中华民族的精神，也已深深植根于绵延数千年的优秀文化传统之中，是我们的根和魂。

　　中国文化博大精深，是中华各族人民五千年来创造、传承下来的物质文明和精神文明的总和，其内容包罗万象，浩若星汉，具有很强文化纵深，蕴含丰富宝藏。传承和弘扬优秀民族文化传统，保护民族文化遗产，建设更加优秀的新的中华文化，这是建设美丽中国的根本。

　　总之，要建设美丽的中国，实现中华文化伟大复兴，首先要站在传统文化前沿，薪火相传，一脉相承，宏扬和发展五千年来优秀的、光明的、先进的、科学的、文明的和自豪的文化，融合古今中外一切文化精华，构建具有中国特色的现代民族文化，向世界和未来展示中华民族的文化力量、文化价值与文化风采，让美丽中国更加辉煌出彩。

　　为此，在有关部门和专家指导下，我们收集整理了大量古今资料和最新研究成果，特别编撰了本套大型丛书。主要包括万里锦绣河山、悠久文明历史、独特地域风采、深厚建筑古蕴、名胜古迹奇观、珍贵物宝天华、博大精深汉语、千秋辉煌美术、绝美歌舞戏剧、淳朴民风习俗等，充分显示了美丽中国的中华民族厚重文化底蕴和强大民族凝聚力，具有极强系统性、广博性和规模性。

　　本套丛书唯美展现，美不胜收，语言通俗，图文并茂，形象直观，古风古雅，具有很强可读性、欣赏性和知识性，能够让广大读者全面感受到美丽中国丰富内涵的方方面面，能够增强民族自尊心和文化自豪感，并能很好继承和弘扬中华文化，创造未来中国特色的先进民族文化，引领中华民族走向伟大复兴，实现建设美丽中国的伟大梦想。

目　录

白鹿洞书院

　　白鹿洞书院位于江西白鹿镇。始建于南唐，唐末著名学者李渤早年在此读书时曾饲养一头白鹿，所以称白鹿洞书院。后来又设有庐山国学，亦称白鹿国学、匡山国子监，与金陵国子监齐名。

　　宋代理学大师朱熹在白鹿洞书院讲学时，书院达到鼎盛时期，与岳麓书院、应天书院、嵩阳书院并称"四大书院"。后又与吉安白鹭洲书院、铅山的鹅湖书院、南昌的豫章书院并称为"江西四大书院"。白鹿洞书院有"海内第一书院"的称誉，是我国历史上第一所教学内容和教学设施较为完备的书院。

李渤开创白鹿洞书院先河

在我国的唐朝贞元年间，有一位名叫李渤的诗人，住在五老峰东南麓的一个山洞里隐居读书，整整两年都未离开过山洞一步。

相传有一天，五老峰巅的一群神鹿足踏祥云，敬仰地俯视着李渤晨读。李渤日夜攻读的刻苦精神，感动了神鹿群中的一只白鹿，为了陪伴李渤读书，白鹿飞下了云端，来到他的身边，成了他形影不离的好伙伴。

黎明，白鹿引颈长鸣，唤醒李渤离开山洞，迎着朝霞读书。夜晚，山风飕飕，白鹿衔过一件长袍，轻轻给他披上御寒。深夜，李渤疲惫地伏案而睡，白鹿只身奔进深山，衔来山参送到书案之上，给他滋补身体。

有一次，李渤躺在山岩上读书，渐渐地，他掩着书睡熟了。这时，乌云滚滚，山雨欲来。白鹿见此情形，立即一声鸣叫，唤来了五老峰头的鹿群，这些鹿一起簇拥着李渤，为他挡风遮雨。

李渤醒来之后，发现了被雨水淋湿的白鹿，他一下子就明白过来了，他抱着白鹿，流下了感动的热泪。从此，他与白鹿之间的感情更加深厚了。

为了让李渤专心读书，白鹿还主动承担起为他购买纸墨笔砚、日常生活用品等事情。只要李渤将钱与所购物品的清单放在袋子里，挂在鹿角上，白鹿就从洞里出发，通过松林中的小径，跑到落星湖畔的小镇里，将李渤要买的书、笔墨纸砚等东西如数地购回。每次白鹿到小镇里买东西时，镇上的人们都会好奇地看着它，都夸它是一只了不起的神鹿。

后来，李渤参加科举考试，金榜题名，当上了江州刺史。他为了感谢多年来白鹿对自己的照顾，再次到洞中去寻找白鹿，可是白鹿早已腾云驾雾，返回天庭了。

为了纪念白鹿，李渤就将当年读书的山洞，改名为白鹿洞，并在此修楼建亭，疏引山泉，种植花木，增设台榭、宅舍、书院，开创了白鹿洞书院的先河。自此，白鹿洞名重一时，成为四方文人往还之地，人们游览美景的一处佳境。

822年，白居易出任杭州刺史，途经九江，见到了李渤。这是他们在九江唯一的一次会面，两位诗人倍感亲切，思绪万千。

白居易赠李渤诗两首，并作注云"元和末，余与李员外同日黜官，今又相次出为刺史。"其中，白居易在《赠江州李十使君员外十四韵》一诗中写道：

长短才虽异，荣枯事略均。殷勤李员外，不合不相亲。

此次九江之行，白居易到庐山草堂住了一宿，并用调侃的口气告诉李渤："君家白鹿洞，闻道已生苔。"道出了两人在仕与隐之间的矛盾与彷徨。

李渤在九江任刺史两年，勤政爱民。他上任不久，发现朝廷管理财政的官员张叔平不顾百姓的疾苦，竟奏征贞元二年逃户欠款4410贯。

他体察下情，为民请命，立即上书陈奏"江州管田二千一百九十七顷，今年已旱死一千九百多顷"，还要征收36年前的拖欠，黎民百姓实在负担不了，并在书中表示，如不准奏，"臣既上不副圣情，下不忍鞭笞黎庶，不敢轻持符印，特乞放臣归田。"

在李渤的恳切请求下，朝廷才下旨：

江州所奏，实为诚恳，若不蠲容，实难存济，所诉逋欠
并放。

在江州官署城南有一南湖，面积约80公顷，东抵北风嘴，西连龙
开河，南接山川岭，北依浔阳城。由于湖面宽阔，南来北往行人诸多
不便。

李渤为了方便行人，于是组织人力在湖中筑堤。建好的堤长七百
步，南连山川岭，北接城池的南门口，沟通南北，往来称便。堤上还
建桥安闸，控制和调节水位，兼有灌溉农田之利。后人为感谢刺史李
渤，将新建的堤命名李公堤，外湖名甘棠湖，桥名思贤桥。

唐朝末年，兵荒马乱，各地学校多有毁损。所以，到庐山隐居、
避难的读书人常到白鹿洞研讨学问，交流心得。

940年，南唐朝廷在李渤隐居的白鹿洞建立学馆，称"庐山国

学"，又称"白鹿国学"，置田藏书，由金陵国子监九经教授李善道担任白鹿洞洞主，掌管教育和学习。南唐中主李璟在未即位之前也曾在白鹿洞读书，后来当了皇帝，就把这里设为书院。

庐山国学与当时南京国子监齐名，为官办学院。从此，四方学子慕名而来。

976年，南唐亡，九江百姓遭受兵马之灾，庐山国学随之成为废墟。至北宋初期，各地增设书院，庐山国学乃改称白鹿洞书院，从此，规模逐步扩大。

977年，江州知州周述将白鹿洞书院办学情况上奏朝廷，宋太宗赵光义随即诏令将国子监刻印的《诗》、《书》、《易》和《礼记》、《仪礼》、《周礼》、《左传》、《公羊传》、《穀梁传》这"九经"颁赐给白鹿洞书院。

赵光义的这一诏令，奠定了白鹿洞书院的重要地位，书院随即声名远播，来此求学的人络绎不绝，当时与岳麓、睢阳、石鼓等书院，并称为天下四大书院。书院殿阁巍峨，亭榭错落，师生云集，俨如市镇。

980年，白鹿洞洞主明起到蔡州褒信县任主簿。书院因无人主持，逐渐废弃。

1001年，真宗赵恒下令给全国各地学校、书院发送国子监印本经书，并修缮孔子庙堂。有了皇上的诏令，白鹿洞书院得以重新修葺，并重塑了孔子及弟子的画像，师徒们从此也有了祭祀圣人的专门场所。

北宋末年，金兵南下，战争频繁，烽火连天。1054年，白鹿洞书院毁于兵火。期间，书院赖以生存的耕地被收回，书院无法继续提供膳食，于是学生们纷纷离去，校舍逐渐倒塌，不久书院停办。

自北宋末年到南宋初期，白鹿洞书院荒废了120多年。

知识点滴

白鹿洞书院建成之后，历代都有文人前来吟诗作赋。其中，唐末五代十国著名诗人王贞白的一首写自己读书生活的诗，也是一首惜时诗："读书不觉已春深，一寸光阴一寸金。不是道人来引笑，周情孔思正追寻。"诗中"一寸光阴一寸金"是诗人由第一句叙事自然引发出来的感悟，也是诗人给后人留下的不朽格言，千百年来一直勉励人们，特别是读书人珍惜时间、注重知识积累，不断充实和丰富自己。

朱熹对白鹿洞书院的复兴

那是在1179年的南宋，朱熹走马上任南康军事。辗转数月，朱熹在三月三十日这天到任。十月十五日下元节他来到白鹿洞故址，眼见书院荒凉的景象，不禁感慨万千。但书院的周边环境令朱熹欣喜不已，"观其四面山水，清邃环合，无市井之喧，有泉石之胜，真群居讲学、遁迹著书之所"。他随即决定对书院加以修复。朱熹一面分派军学教授、星子知县等人筹措兴复诸事，同时又将自己复兴书院的设想上奏朝廷。

此时的白鹿洞书院，原来的建筑早已无存，仅余瓦砾榛荆，茂草荒丘。尽管南康正遭旱灾，财政困难，但朱熹还是集资筹款，建起了屋宇20余间。第二年，书院初步修复。朱熹主持祭祀先圣先贤的开学典礼，升堂讲学，并写下了《次卜掌书落成白鹿佳句》：

重营旧馆喜初成，要共群贤听鹿鸣。
三爵何妨奠萍藻，一编讵敢议诚明。
深源定自闲中得，妙用元从乐处生。
莫问无穷庵外事，此心聊与此山盟。

在主持白鹿洞书院期间，朱熹很注意学田的设置，认为"这是维持书院的久远之计"。他制订了购田计划，筹集了一部分购田资金。

为了充实图书，朱熹还发文，向各地征集书籍，甚至连结识未久的陆游也成为他求书的对象。

朱熹主持书院时，还制定了一套详细的藏书管理制度，设有"管干"一职，专门对书籍进行日常管理。至于大规模的校勘、清理、曝晒等工作，就临时由山长组织人员进行。晒书一般是在每年的农历六月初一、十五。

　　当时，岳麓书院只有学生10余人。朱熹在总结前人办学所订的规制以及禅林清规等经验的基础上，制定了《白鹿洞书院揭示》：

　　　　父子有亲。君臣有义。夫妇有别。长幼有序。朋友有信。

　　　　右五教之目。尧、舜使契为司徒，敬敷五教，即此是也。学者学此而已。而其所以学序，亦有五焉，其别如左：

　　　　博学之。审问之。慎思之。明辨之。笃行之。

右为学之序。学、问、思、辨四者，所以穷理也。若夫笃行之事，则自修身以至处事、接物，亦各有要，其别如左：

言忠信。行笃敬。惩忿窒欲。迁善改过。

右修身之要。

正其谊不谋其利。明其道不计其功。

右处事之要。

己所不欲，勿施于人。行有不得，反求诸己。

除了制定学规，朱熹还制定了课程，将《四书》作为基本课程，并尚需学习《五经》、《楚辞》以及古代诗、文。

为了学院的发展，朱熹试图聘请一些有名的学者到白鹿洞书院讲

学，但均未成功。于是他只得自兼洞主，自为导师，亲自讲学。此时，在白鹿洞书院讲学的尚有刘清之，以及朱门弟子林泽之、黄粹、王阮等人。

正当朱熹主持白鹿洞书院时，南宋理学代表人物陆九渊自金溪来访，朱熹请陆氏赴白鹿洞登台讲学。他的"君子喻于义，小人喻于利"讲得举座动容，甚至有感动得掉下眼泪的学生。

朱熹也认为陆九渊讲得非常好，"切中学者隐微深痼之病"。并对自己过去没有讲得这么深刻感到惭愧，朱熹还表示，一定要与大家一起虚心向陆九渊学习。

于是，朱熹请陆九渊将讲稿书写下来，这就是著名的《白鹿洞书堂讲义》，朱熹请人将其刻石并写了《跋》，并作为文献保存在书院，以励后学。后来，陆

九渊在白鹿洞书院期间，就哲学问题，与朱熹又进行了一次深刻的探讨，这就是"白鹿洞之会"。

与此同时，朱熹还请南宋理学家另一派代表吕祖谦为白鹿洞书院修复工作写记。朱熹在求记信中，希望此记"非独以记其事"，且"使此邦之学者与有闻焉，以为入德之门"。为此，二人书信往复，讨论记文措辞，然后定稿刻石。

朱熹又致书吕祖谦说："白鹿洞书院承为记述，惟使事之本末后有考焉！而所以发明学问深浅之序尤为至切，此帮之士蒙益既多，而传至四方，私淑之幸又不少矣！"

当时，吕祖谦为了调和朱熹"理学"和陆九渊"心学"之间的理论分歧，使两人的哲学观点"会归于一"，就出面邀请陆九龄、陆九渊兄弟前来与朱熹见面，陆氏兄弟便应邀来到了鹅湖寺，双方就各自

的哲学观点展开了激烈的辩论，这就是历史上著名的"鹅湖之会"。

朱熹和陆九渊的哲学观点虽有异同，但是彼此却无心结，反而增加了彼此的友谊。无论是鹅湖之会，还是白鹿洞之会，都是我国古代哲学史、书院教育史上的大事，是先贤们探求真理，广博学问，摒弃门户之见，倡导百家争鸣的善举。

朱熹在主持白鹿洞书院期间，开展了多种形式的教学活动，包括"升堂讲说"、"互相切磋"、"质疑问难"、"展礼"等。《朱子读书法》六条，就是"循序渐进"、"熟读精思"、"虚心涵泳"、"切己体胸察"、"着紧用力"、"居敬持志"。以学生认真读书，自行理会为主要形式。

朱熹每有闲暇，就与生徒们优游于山石林泉之间，寓讲说、启迪、点化于其中。朱熹在白鹿洞书院创立的书院规制和教学模式，成为后来书院建设的榜样。

为了使书院拥有合法地位，朱熹还上书孝宗皇帝，乞赐敕额及"九经"注疏，但未果。后来，朱熹离开南康，改任浙东提举。他趁允许奏事的机会，再次向孝宗申请：

今乃废而不举，使其有屋庐而无敕额，有生徒而无赐书，流俗所轻，废坏无日，此臣所以大惧而不能安也。

这一次，孝宗皇帝经过"委屈访问"之后，才勉强准奏。朱熹离去以后，白鹿洞书院的院宇屡有兴修，教学、祭祀活动亦继续维持和发展。

1217年，朱熹之子在以大理寺正卿的身份知南康军。他继承父志，重修白鹿洞书院，使之规模宏伟为他郡所不及。朱熹的门人黄榦在《南康军新修白鹿书院记》中写道：

榦顷从先生游，及观书院之始，后三十有八年，复睹书院之成。既悲往哲之不复见，又喜贤侯之善继其志。

意思是说，白鹿洞书院因朱熹而始建基，而由其子最后完成，时距朱熹仙逝已17年了。

朱门后学黄榦、陈文蔚、李燔、方岳、饶鲁等先后在白鹿洞书院讲学，培养了余阶、江万里等知名学生。

至1241年，宋理宗赵昀在视察太学时，亲自书写了朱熹所订的《白鹿洞书院揭示》。此后这个揭示被摹写传抄在各地的学校和书院中，使之成为御颁共同遵行的"教学方针"。

朱熹制定的教规得到皇帝如此的赞赏，遂成为各地书院教育乃至于学校教育的最高准绳和法则，影响广远，波及天下。理宗时，白鹿洞书院始设官治理。

白鹿洞书院因朱熹而享盛名，朱熹对白鹿洞书院的复兴，意味着我国书院制度的成熟。因此，王昶在《天下书院总志》序中称白鹿洞书院为"天下书院之首"。

知识点滴

朱熹晚年定居建阳考亭讲学，四方学子不远千里前来求学，研究理学，著书立说，与蔡元定等创建学术史上令人瞩目的"考亭学派"，考亭也因此喻为"南闽阙里"，建阳称为"理学之乡"，也因朱熹、蔡元定、刘爚、黄榦、熊禾、游九言、叶味道史称"七贤过化"之乡。每年的清明节前后，普天之下的朱子后裔都会前来祭祀拜谒，他所创立的南宋理学备受推崇。

王阳明心学在书院的传播

　　到了1236年元代的时候，南宋许多文人因不能进入元政府任官，纷纷设坛讲学，建立书院，造成元初私立书院迅速发展的现象。

元代也很重视文化教育事业，采取了若干措施保护和奖励书院，把私人建立的书院与地方州、县学同等对待，归官家节制，拨给学田，列书院的山长为州、县学官或教官，朝廷对书院教育重视的程度超越了前代。

所以，明初大学士解缙有言："白鹿洞书院在元尤盛。"但是，好景不长，书院又于元末毁于战火，所有殿堂斋舍荡然无存。

1366年，文学家王祎来到白鹿洞，看到"树生瓦砾间"，只余"濯缨"、"枕流"两石桥的景象。此时，距书院被毁已15年了。

又过了数十年，广东东莞人翟溥福于1438年被任命为南康军郡守，他对"前贤讲学之所，乃废弛若是"深表惋叹，于是带头捐出俸禄，动员同僚，多方集资，加以重修，明伦堂就是在此时修建的。

明伦堂又名彝伦堂，为砖木结构，白寺灰瓦，人字形硬山顶，四开间，前有走廊。明伦堂是书院授课的地方，故外悬挂有"鹿豕与游，物我相忘之地；泉峰交映，仁智独得之天"的楹联，以鼓励生员用心攻读，以获得"仁智独得之天"。

棂星门是在明成化年间由南康知府所建，后来的南康知府苏葵又再次重建。最初的时候，棂星门为木结构，后南康知府周祖尧建为石牌坊。

古代传说，棂星就是文曲星，以它命名，即意此处是人才辈出之地，为国家培养栋梁之才之意。门为花岗岩石构建而成，六柱五间，中间刻有缠枝牡丹，下有石抱鼓护柱，饰有海波纹，刀法粗犷简练。

1465年，江西提学李龄会同南康知府何睿，再次对书院进行补修重建。此后，1497年和1501年又有两次修缮增扩。

1511年11月1日，文学家李梦阳书写庐山"白鹿洞书院"匾额。李梦阳，字献吉，号空同子，庆阳人，弘治癸丑年进士，历任户部山东司主事、贵州司员外郎、广东司郎中等职。

李梦阳在江西提学副使任内，曾多次到白鹿洞书院讲学，重修《白鹿洞新志》，并亲自作序。他在白鹿洞书院所撰《宗儒祠记》石碑以及题于贯道溪的石刻"砥柱"、"鹿洞"等仍保存完好。

　　明初，因朝廷重视科举，罢了荐士的旧制，致使书院讲学之风几乎消失，书院一度衰落。而王阳明却支持书院制度，所到之处，广收门徒，遍建书院。

　　1517年，王阳明任都察院御史，并得"荫子锦衣卫、世袭百户"的奖赏。他到白鹿洞书院游览时，不禁"徘徊久之"，他不知不觉走到了独对亭，此处乃是观赏雄奇的五老峰的佳处。

　　此时，一股诗泉突然涌上了他的心头，随后写下了《白鹿洞独对亭》一诗：

五老隔青冥，寻常不易见。

我来骑白鹿，凌空陟飞巘。

长风卷浮云，褰帷始窥面。

一笑仍早颜，愧我鬓先变。

我来尔为主，乾坤亦邮传。

海灯照孤月，静对有余眷。

彭蠡浮一觞，宾主聊酬劝。

悠悠万古心，默契无可辩！

白鹿洞书院虽然荒凉，但毕竟是"天下四大书院"之一，它还会有再度振兴之日。王阳明陷入深深的思考之中。他认为，儒学及理学是救世的药方，然而理学经朱熹发展改造之后，有不少的谬误。

王阳明年轻时，曾一度崇拜朱熹，他21岁中举人，开始研究朱熹的"格物穷理"。朱熹认为，一草一木都涵有"至理"，必须一件件地"格"尽天下之物，才能豁然贯通，体会到完美的"天理"，以为圣贤。于是，王阳明站在独对亭前，从秋风中抖动的一丛翠竹开始"格物"。他观察了翠竹七天七夜，结果一无所得，却一下子病倒了。

此刻，王阳明顿然明白了，竹子的自然生长与朱熹的"天理"并没有相适之处，把自然现象与社会现象相比较是毫无根据的。王阳明在白鹿洞修道问学，为他后来创立心学奠定了基础。

离开白鹿洞后，王阳明回到南昌，他与朋友江西巡按御史唐龙谈及白鹿洞书院的凋蔽现状。唐龙拙守于朱熹的理学，对王阳明创建的心学以及他近来特别强调的"致良知"学说更是疑惑不解。

但是，唐龙对王阳明还是尊重的。这年夏天，唐龙听了王阳明关于庐山白鹿洞书院现状的叙述之后，来到了白鹿洞视察。他按照王阳明的《白鹿洞独对亭》的韵脚，写诗《次阳明韵》。诗写道：

五老隐云间，经年再相见。
乘月属清溪，攀萝度岑畎。
顿谐丘壑心，净洗风尘面。
山神灵不死，物理溢中变。
风雨剥樽彝，乌鼠逸经传。
驻迹望冥冥，永怀中眷眷。
鹿去主不归，酒热客自劝。
焉得抱尘游，居吁息妄辨。

唐龙从唐代李渤在白鹿洞读书以来的衰兴，开导王阳明应该抛弃由于朝廷奸佞对他的诬陷而造成的思想负担，要洒脱一些。"五老隐云间，经年再相见。""焉得抱尘游，居吁息妄辨。"他相信，将与王阳明在白鹿洞相会，讨论学术。

唐龙在白鹿洞书院拜谒了孔子、朱子等圣贤像后，便访查书院的藏书，发现书籍多已散佚；查学田时，发现田亩也失去不少。唐龙认为，白鹿洞书院"无官综理，每年只是本府星子县编签门子二名，轮流看管，以致狼狈至此"。并认定，没有朝廷直接委任的官员来管理白鹿洞书院，是很不妥当的。

唐龙回到南昌后，便征求王阳明的意见，问他能否把他的学生蔡宗衮调来任白鹿洞主。此时的蔡宗衮已经47岁了，只比王阳明小两岁，是王阳明的老乡，王阳明在京师任"考功清吏司郎中"时，收纳了蔡宗衮为学生。

后来，蔡宗衮和王阳明的另一位学生舒芬，同榜中进士。王阳明对蔡宗衮说："入仕之始，意况未免动摇，如絮在风中，若非黏泥贴网。亦自作主张不得。……亦须有得力处耳。"而蔡宗衮说他的志向是当一个府学的教授，专门从事教化民心的事业。后经朝廷批准，蔡宗衮出任兴化府学教授。

此时，唐龙提出由蔡宗衮出任白鹿洞书院洞主，恰恰也符合王阳明的愿望。因为他正要把白鹿洞书院变成宣传他的心学的一个"得力处"。

1518年，王阳明以金都御史巡抚南赣、汀、漳，他编撰《大学古本》和《中庸古本》，包括《大学古本序》和《修道说》，与朱熹学派商榷，并不远千里派人将手书"致之洞中"，刻于石碑上。

第二年，王阳明在击败并擒获了叛乱的宁王朱宸濠，"得濠簿籍，所记平日馈送姓名，遍于中外，多者累数万，少亦以千计……"之后，王阳明派兵进驻南康。

1520年正月，王阳明在开先寺李渤读书台旁岩壁刻石记功，后又来到白鹿洞书院。同年八月，唐龙奏请朝廷，请求派蔡宗衮专职任白鹿洞书院的洞主。

明武宗朱厚照同意了唐龙的奏请，从而改变了明朝把书院全都作为地方兴办的惯例，首先在白鹿洞恢复了由宋元时代由朝廷任命书院官员的传统。王阳明得知后，集门人讲学于白鹿洞书院，并留有大量诗歌，临行又捐赠钱款，嘱咐洞主蔡宗衮添置田亩。

白鹿洞初有名无洞，1530年，南康知府王溱祭山开洞，并撰写《新辟石洞告后土文》。

嘉靖年间的南康知府何岩，雕石鹿置洞中，并作《石鹿记》："自唐以来，白鹿洞名天下矣！然历世既远，则鹿弗存，而洞亦圮"，"是诚有名而无实出"。所雕石鹿竖耳昂首，凝视前方，刀法简练。

洞为花岗岩砌，呈券拱形，高4米，宽4.15米，深6.35米。洞右有石台阶，拾级而上，可登思贤台。

思贤台，筑于明嘉靖年间，后来，江西巡按曹汴建亭台上，寓"睹台思贤"之意，故名思贤台。台平面呈正方形，亭为木结构，平面呈正方形，歇山顶，双层斗拱托檐，中开一门，四边有木制花窗，前有花岗石围栏。台上四周有石板围栏，栏中镶有石刻，有衡崖书"理学渊源"、刘世扬书"思贤台"、秦大夔书"仰止处"、李资元书"空中楼阁，静里乾坤"。

到了明万历年间，大学士张居正出于党同伐异的需要，提出废除书院的主张，白鹿洞书院遭受重创。历来兴建书院的举措，莫过于购置田亩，以农林来养文教。

张居正以"充边需"为名，责令各地书院悉卖其院田，等于釜底抽薪，切断资金来源。幸好此项政策持续不太久。至1582年，张居正逝去后，院田才得以陆续赎回。1622年，南康府推官李应升主持洞事，书院又兴旺起来。

知识点滴

　　明代的白鹿洞书院不仅恢复了南宋的旧观，而且建筑规模和相关设施均超过已往而臻于完善，学员人数也一度达到500人之多。特别是1506年至1566年，是白鹿洞书院少有的持续一甲子即60年的兴盛期。

　　王阳明的弟子王畿来过，与王学分庭自立的湛学创主湛若水带领弟子也来过，都对书院赞誉有加。而尤以李梦阳对书院的贡献为大，留下的诗文墨迹也最多，门楣上的"白鹿洞书院"5个刻石大字，就出自他的手笔。

岳麓书院

　　岳麓书院位于湖南长沙湘江西岸的岳麓山，是我国古代著名四大书院之一。书院始建于976年，是潭州太守朱洞在僧人办学的基础上，正式创立的。这所誉满海内外的著名学府，历经宋、元、明、清的时势变迁，直到晚清改制为湖南高等学堂，可谓是"千年学府，弦歌不绝"。

　　岳麓书院是我国文化史、教育史上的骄傲，有着悠久的办学历史，培养了众多杰出的人才，在我国教育史上有着巨大的影响。

麓山寺奠定的文化底蕴

那是在西晋的时候，敦煌有位菩萨叫竺法护，他有位弟子叫竺法崇。竺法崇从小就聪明好学，立志要背下所有的经文，弘扬佛法。后来，他到湖南传播佛教，当他来到长沙湘江西岸的岳麓山时，见这里风景秀美，于是在268年，创建了麓山寺。

竺法崇还是第一个到湖南传播佛教的僧人，此时距佛教传入我国仅200年的时间。麓山寺不仅是湖南第一所佛教寺庙，也是我国早期佛寺之一。

麓山寺左临清风峡，右饮白鹤泉，前瞰赫曦丹枫、长岛湘流，后倚禹碑风云、深壑林海。在此风景秀丽之地诵经传教，实乃人生一大幸事。竺法崇精通经学，尤擅《法华经》。

很快，竺法崇的名声便远播四方，以致"东瓯学者，竞往凑焉"。他与鲁郡的著名隐士孔淳之在岳麓山别游时，曾作诗曰："浩然之气，犹在心目，山林之士，往而不返。"

自竺法崇之后，麓山寺的讲学之风一直沿袭不绝。继开山祖师竺法崇之后，晋代住锡麓山寺的高僧还有法导和法愍和尚。281年，法导来到麓山"大启前功"，对寺庙进行了修缮和扩建。

自晋以来，文人雅士们寄寓隐居、游息读书，也都喜欢选择到麓山寺，为这里增添了不少诗书气息。

东晋名士陶侃，字士行，出身贫寒。他初为县吏，后至郡守。永嘉五年（311年）任武昌太守。313年，他出任荆江州刺史。

陶侃任驻长沙时，每当在闲暇之余，常到岳麓山游览，并且在山中建庵读书，修养性情。因庵前遍种杉树，人们称之为"杉庵"。

传说陶侃在岳麓山射杀了蟒妖，他遵照白鹤姑娘的遗愿，相约在

50年后再相见。后来，耄耋之年的陶侃因政务耽误了相约之期。

为了践行承诺，陶侃在相约之处苦苦守候了九九八十一天，精诚所至，他终于见到了白鹤姑娘。菩萨为了阻断白鹤姑娘再生思凡之情，于是便叫陶侃从石门离开，陶侃被迫穿石而出，白鹤姑娘转身仅见一堵石壁矗立在眼前。因此，在岳麓山便留下了一个穿石坡。

在隋代的时候，著名天台宗创始人智者大师最初出家长沙的果愿寺，他以传授《法华经》为己任，在麓山寺创建了一个鹿苑，进行讲学，讲授"不依于有，亦不附无"，"最上无过"的"第一义谛"，宣扬"心是诸法之本"等佛教思想。

鹿苑后来被改建成讲经堂，成为麓山寺讲学的重地，历代相传。到了唐代，摩诃衍禅师到麓山寺做住持，他便在鹿苑开讲南宗禅法，后来还将禅法传到了西藏，并在拉萨与印度高僧展开了辩论，将麓山寺佛门的学风远播到了西藏和印度。

在这个时期，位于岳麓山的道林寺也被改为了律院。初唐书法家欧阳询曾书"道林之寺"4字为额，称道林"为道之林也"。后唐时，马殷又对道林寺进行了重建，结构崇隆，廊院连云，鼎盛时寺僧达到300多人。唐代著名将领马燧在道林寺旁建起了道林精舍，作为文士活动的地方。当时，也有人称道林精舍为"书院"，因为它是隐居读书之处，因此是儒家的活动阵地。

马燧，字洵美，据记载，其祖父马珉、父亲马季龙分别在武则天时代与玄宗朝身居要职。马燧自幼机敏，广涉群书，尤善兵法，有凌云大志。他在与诸兄读书时，曾掩卷长叹："天下有事，大丈夫当建功立业，以济四海，岂能矻矻为一儒哉！"

马燧走上仕途后，虽身为武将，但他仍不忘为文人学士做些事情，于是他兴建了道林精舍。

唐末五代智璇等二僧为"思儒者之道"，在麓山寺下割地建屋，建起了"以居士类"的学舍，而随后形成的岳麓书院就是在智璇办学的基础上诞生的。

道林寺所藏经书十分丰富，吸引了不少名士前往参拜。唐宣宗大中元年（847年），沙门禅师获准往太原求取佛经，河东节度使司空卢钧、副使韦宙慷慨施之，共得佛经5048卷，于次年运回潭州，道林寺再度成为讲经重地。唐僖宗乾符年间，袁浩建四绝堂于寺中，后经五代马殷重建，借以保存沈传师、裴休、宋之问、杜甫四人为该寺留下的笔札和诗篇。另外，骆宾王、宋之问、韩愈、刘长卿、刘禹锡、张谓、沈传师、韦蟾、杜荀鹤、唐扶、李建勋、齐己等文人墨客都曾流连道林，留下了许多传世佳作。

知识点滴

北宋时闻名的岳麓书院

　　到了976年，朱洞以尚书的身份出任潭州太守。他在原僧人办学的遗址上，在岳麓山下的抱黄洞附近，正式建立起了岳麓书院。书院初设讲堂5间、斋舍52间。

　　岳麓书院一开办，就受到了官府的支持。书院经过不断兴建，也多是由地方官员主持，逐渐形成了岳麓书院办学的一个特点。

　　999年，李允则任潭州知州。李允则本是儒臣，是唐济南团练使李谦溥之子，少时就以才略闻，后以荫补官。李允则在任职期间，所到之处都致力为民办实事，"民皆称便"。

李允则任潭州知州后，对兴教办学身体力行。岳麓书院在他的主持下，很快获得了扩建。他"尽获故书，诱导青衿，肯构旧址。外敝门屋，中开讲堂，揭以书楼，序以客次。塑先师十哲之象，画七十二贤……"还辟水田"供春秋之祀典"，使书院得到了进一步发展。

在此时期，岳麓书院正式定额为60余人，其他从学者不在此数，声名逐渐传播于三湘衡岳之间。

1001年，李允则上奏朝廷，为岳麓书院修筑舍宇，并且还请得国子监的《释文》、《义疏》、《史记》、《玉篇》和《唐韵》等典籍。这是岳麓书院首次得到朝廷的赐书，引得四方学者纷至沓来。从此，"岳麓书院"成为北宋四大书院之一，名闻天下。

北宋王禹在《潭州岳麓书院记》中赞誉道："谁谓潇湘？兹为洙泗。谁谓荆蛮？兹为邹鲁。"把岳麓书院比之孔孟之乡的"洙泗"、"邹鲁"，潭州从此有了"潇湘洙泗"的美名。

李允则扩建后的岳麓书院，标志着岳麓书院讲学、藏书、供祀3个组成部分的规制的形成以及学田设置的开始，从而奠定了书院的基本格局。讲学是书院规制的首要内容，它包括讲堂和斋舍。讲堂是老师讲学论道的地方，斋舍除供学生住宿外，又是平时读书自习的场所。

　　李允则扩建书院时，确定了讲堂在书院的中心部位。以后书院屡有衰落和发展，中间设讲堂这一布局特点始终未变。藏书与书院的名称及由来有着密切联系。书院在唐代主要指藏书、校书之地，到宋代形成教育机构，但收藏图书典籍这一特点依然没有改变。

　　书院收集图书，正式建立了藏书楼，并将国子监经书藏于书楼。以后，岳麓书院又多次请得历代朝廷所颁经籍，藏书楼又有"藏经阁"、"尊经阁"、"御书楼"等名称，且大都安置在书院的显要位置，而且藏书楼是书院中唯一的楼阁建筑，显示出书楼在书院的崇隆地位。

供祀部分也是书院的重要内容。李允则扩建书院时设置了"礼殿","礼殿"又称"孔子堂",并"塑先师十哲之像,画七十二贤",增建了颇为隆重的祭祀设置。

此后,书院的祭祀很快发展为一种有特色的形式,它不仅供祀先师孔子,还供祀本学派的大师、有功于本书院的乡绅名宦,以及可仿效的忠臣、学者等。这样,书院的祭祀就发展为推崇学统、标榜学派,及对学生进行道德、礼仪教育的一种重要形式。

1012年,周式任岳麓书院首任山长,他"学行兼善,尤以行义著称",引得四方学子汇聚于此。

1015年,宋真宗赵恒认为岳麓书院办学很好,于是便召见周式,拜其为国子监主簿,请他留在京城讲学做官。但周式坚持回岳麓执教,不想留在京城做官。宋真宗感其品格高尚,赐周式鞍马,并亲手题赐"岳麓书院"牌匾。

周式将御匾带回岳麓书院后，将之悬挂于书院大门的正上方。岳麓书院从此称闻天下，"鼓箧登堂者相继不绝"。

岳麓书院在周式的执掌下，从学人数和院舍规模都有了很大的发展，开启湖湘一脉浓厚学风。周式故后，乡贤云集追悼。

北宋时，长沙的南半部从长沙县划分出来，设置善化县，这"善化"之名因岳麓书院之盛，取意于"彬彬向善，倡化邑人"而得名。

在北宋岳麓书院的发展史上，不能不提到一位官职不高却很有见地的人，他就是朱辂。朱辂生于1070年。1097年，朱辂登进士第。

他初任湘阴县尉时，中书梁子美持宪节代皇帝巡视地方，军政令极其威严，地方官都惧怕他，不敢接近。但是朱辂却以小小的县尉身份，主动晋见。梁中书见他谈吐风生，胆识过人，颇有见地，是个难得的人才，于是想要推举他。

此时，湘阴县知县魏洙因旷废职责，要降为邻郡主簿。得到消息后，朱辂着官服持笏，到梁中书府衙中，对中书大人说："魏知县治理虽然不像样，但也没有罪过。现在知县受降职处分，而我却蒙推举升官，人们都会说我出卖知县。请您停止对我的推举而宽待知县。"
听朱辂如此一说，梁中书就更加赏识他了，于是便向皇帝推举了他，
没有治魏洙的罪。

原先，长沙知府张舜民奏准从长沙县分5万户另立善化县，并亲自
立了碑。当朱辂任善化知县时，朝廷臣僚分裂，互相倾轧，失势的派
别被斥为朋党，遭到打击贬谪。张舜民被列为朋党之列，被贬至郴州
任监税小官。

于是有人趁机要推倒这座碑，但是朱辂不同意，他说："这碑仅
仅记录了设置善化县的由来，当时没有反对意见，现在有什么理由要
推倒它？"于是这座碑保留了下来。

不久，朝廷派来使者，告诉朱辂说要将岳麓书院改为鼓铸厂。朱
辂冒着杀头的危险，以"乡校不可毁"为由，抗旨不行。结果，朱辂
虽官微言轻，但由于岳麓书院早已名声在外，朝廷也只好作罢，岳麓

书院也就得以留存了下来。

北宋后期，岳麓书院被纳入到了"潭州三学"的教育体制中。所谓"三学"，就是潭州州学、湘西书院、岳麓书院三位一体，分成3个等级，学生通过考试，以积分高下逐级安排升舍。官办州学学生考试成绩优良者可升湘西书院，最高者方可升至岳麓书院。

从北宋开始，岳麓书院名副其实地成为地方的高等学府。

知识点滴

岳麓山的自然风光占足了奇、珍、幽、美4个字，形成了柳塘烟晓，桃坞烘霞，桐荫别径，风荷晚香，曲涧鸣泉，碧沼观鱼，花墩坐月，竹林冬翠书院八景。而岳麓山的人文景观，那是岳麓山另一道亮丽的风景。千年学府岳麓书院，是三湘人才辈出的历史记录，而爱晚亭内那吟唱着"停车坐爱枫林晚，霜叶红于二月花"又留着一缕长髯的老夫子，那情那景更是让人流连忘返。

朱张会讲树立治学方式

　　到了1129年，太学博士胡安国父子与秦桧在政治上发生了一些矛盾，为了躲避靖康之乱，由弟子黎明引领，举家从湖北荆门来到湘潭隐山。

　　1131年，胡安国在创建碧泉讲堂，边撰写理学文章，边授徒讲学，得到4个儿子和弟子的共同参与及帮助，完成了《春秋传》30卷，《资治通鉴举要补遗》100卷，《文定集》等理学著作，开创了以"经世致用"等为灵魂的湖湘文化学。

1138年，胡安国逝世，他的4个儿子继承和发扬父志，继续在碧泉讲堂等地授徒讲学。胡安国的季子胡宏继承父亲的遗志，上书权相秦桧，请求恢复岳麓书院，并自荐为山长，但没有得到秦桧的支持。于是，胡宏将碧泉讲堂扩建为碧泉书院，收徒讲学，以倡其说。

　　胡氏父子培养了一大批杰出弟子，包括张栻、彪居正、朱熹、毛舜举等人，形成了一个规模大、势力强、较稳定的湖湘文化学术群体，后人称为湖湘学派。当时，湖湘学派被称为天下最盛的一个学派，对学术界产生了重要影响。

　　胡宏在碧泉书院病逝后的第四年，也就是1165年，时任潭州知州兼湖南安抚使的刘珙决心复建之前因战乱被毁的岳麓书院。

　　刘珙是一位儒生，一生以尊儒重道为己任。他到潭州赴任后，"葺学校，访雅行，思以振之"。他授命郡教授郭颖主持重建岳麓书院之事。

经过不到一年的努力，岳麓书院不仅恢复了旧貌，且增山斋于堂北，为山长居住；置风雩亭于院南，供门人游息。同时，辟濯缨池、咏归桥、梅柳堤、船斋、浮桥等于江岸，扩大了风景环境。

岳麓书院修建完成后，刘珙聘请胡宏的得意门生张栻主持教事，彪居正任主管。胡宏的其他弟子也纷纷到岳麓书院授徒讲学。从此，岳麓书院成为湖湘文化的活动中心。

也就是在同一年，诗人刘珙在任湖南安抚使知潭州期间又修复了岳麓书院。岳麓书院修成后，由张栻主持书院教事。在张栻主教期间，岳麓书院发生了一系列重要变化。

教育宗旨的转变。张栻旗帜鲜明地反对以应付科举考试为目的，反对以汉唐的传注经学为教学内容，而提出书院应教育培养一种能"传道济民"的人才。

教学方法的转变。南宋以前，岳麓书院传习传注经学和文辞章句，以应付科举考试。这种教学内容决定了书院的教学方法不过是诵习辞章之类的呆板单一的教学方法。张栻主教，岳麓书院的教学内容发生了重大变化，"使四方来学之士得以传道授业解惑焉"，相应地教学方法更加灵活和多样化。

机构功能的变化。北宋期间，岳麓书院作为一个教育机构，主要是实现其教育功能。张栻主教书院之后，除了继续实现其教育功能外，又使它增加了学术研究的功能。

在教学过程中，张栻和学生一齐讨论学术上重要的、疑难的问题，从而推动学术研究的深入。其他不同学派的学术大师也在书院展开学术讨论，即会讲。

岳麓书院的这一系列特色，使它能够迅速成为闻名全国的学术基地，为学派的形成和发展创造了条件。湖湘士子闻风，纷纷来此研习理学。

这样，发端于衡山的湖湘学派又大盛于长沙岳麓。岳麓书院成为湖湘学派的主要基地后，它的办学规模、成就和影响进一步扩大，并发展到了全盛时期。

南宋岳麓书院的蓬勃发展，还与另一位著名理学家的讲学联系在一起，那就是朱熹。朱熹是南宋一位具有广博学问和深厚文化素养的学者，他的研究涉及哲学、经学、史学、文学、乐律、佛学、自然科学等领域，特别是集理学之大成，建立了包括天理论、心性论、格物致知论、持敬说在内的精密的理学思想体系，他的《四书集注》成为后世科举必读之书和标准答案。

朱熹来岳麓书院讲学有两次，一次是1167年的朱张会讲，一次是1194年的改建书院。

1167年，朱熹不远千里从福建崇安来岳麓书院讲学。朱熹当时就是一名颇有名望的学者，来听讲学的人很多，盛况空前，以致"一时舆马之众，饮池水立涸"，开创了岳麓讲学的风气。

朱熹和张栻讨论学术问题十分热烈，他们"举凡天地之精深，圣言之奥妙，德业之进修，莫不悉其渊源，而一归于正大"。尤其是对"中和"、"太极"、"仁"等理学中的一系列重要概念进行了深入探讨。

谈得兴起时，两人竟通宵不眠。经过反复的切磋论辩，两人在

"太极"等一些问题上的见解趋于一致，双方都得到很大的启发与收益。

在此期间，两人还举行了公开的辩论会，这就是著名的"朱张会讲"。朱张二人坐在岳麓书院的讲堂之上，就"中和"、"太极"等问题进行公开探讨，众学生则坐在下面旁听。这是一次真正的绝世高手的过招，仅凭只言片语，便触发风云涌动。

同时，这更是一次创举，体现的是"疑误定要力争"的追求真理的精神。于是，"朱张会讲"引来人们极大的兴趣，前来听讲者络绎不绝。

"朱张会讲"所展开的"中和之辩"，以朱熹接受湖湘学派的"性为未发心为已发"、"先察识后持养"等观点而结束。但会讲的影响力，却绵延几个世纪。"朱张会讲"之后，四方学生接踵而来，致使岳麓书院名扬天下，元代理学家吴澄在《重建岳麓书院记》中说：

自此之后……非前之岳麓矣。

同时，此次会讲纠正了此前湖南的文风。据言，当时湖南学者文字"辞意多急迫，少宽裕"，"全无涵养之轼"，而会讲之后，湖南人始知摒弃上述之不足，努力学习别人之所长，才"归于平正"。

更为重要的是，"朱张会讲"树立了自由讲学、互相讨论、求同存异的典范。这样的治学方式，值得推崇和借鉴。两人的观点互相影响、互相渗透、互相融合。因此朱张会讲闻名遐迩，传为佳话。

朱张岳麓会讲还开创了不同学派会讲的先河。会讲的教学形式，体现了书院内各学派"百家争鸣"的特色，是书院区别于官学的一个重要标志。

1194年，朱熹任湖南安抚使再至潭州。在任期间，他着手振兴岳麓书院教育。

首先，他聘请了黎贵臣、郑贡生分别担任书院的讲书职事和学录。其次，增加了额外学生10名。其三，他进一步修建书院。此外，朱熹还为岳麓置学田50顷，向朝廷乞赐九经御书。

朱熹兴学岳麓，对书院影响最大的举措是颁布《朱子书院教条》，使岳麓书院第一次有了正式的学规。学规规定书院教育总的方针、培养目标、修身治学准则，以及日常作息生活规则等。

到了乾道、淳熙年间，是我国理学的全盛时期，人物众多，学派林立，这种情况大大促进了书院的蓬勃发展。

到庆元年间，由于理学家被卷入"庆元党禁"而受到政治上的沉重打击，书院也就随之冷落下来。

党禁过后，理学又逐步开始抬头，地位迅速提升，传播理学的书院又兴盛起来。

1246年，理宗赐御书"岳麓书院"4字揭之中门，这是岳麓书院继真宗之后，再次得到赐额褒扬，对于岳麓书院传播发扬朱张理学，起到进一步的推动作用。

1250年，湖南转运副使吴子良聘欧阳守道为岳麓书院副山长，欧阳新为讲书，开讲"发明孟氏正人心，承三圣之说"，大力弘扬理学。张季子张庶、侄张忠恕也先后在书院讲学。

岳麓传播经邦济世之学、倡行伦理践履的学风，一直坚持到1275年，元军围困潭州，军情危急。湖南安抚使李芾率军民固守数月，矢尽粮绝。

在这场严酷的抗元斗争中，岳麓诸生毅然放下书本，荷戈登城，参加战斗，绝大多数学生都在这场守城战斗中壮烈牺牲，而盛极一时的岳麓书院也被损毁，被废为榛荆之地。但是，湖湘弟子所表现出来的民族气节，真实反映了湖湘学派爱国主义教育的深刻影响。

　　岳麓书院还以保存大量的碑匾文物闻名于世，如唐刻"麓山寺碑"，是730年由著名的书法家李邕撰文并书写的，江夏黄仙鹤勒石刻篆，因为文、书、刻石都十分精美，所以向有"三绝"之称。碑高4米，宽1.35米，碑文共1400余字，此碑以其书法著名于世，最为艺林所看重，传拓碑文曾风靡一时，笔法刚劲有力，是最为著名的唐碑之一。

传道济民办学方针的传承

　　1286 年，元世祖忽必烈极力推动书院发展，将书院山长列为朝廷正式命官，制定了一套考选升迁的办法，吸引士人投身书院教育。

　　刘必大受命担任潭州学正之后，立即着手主持重建岳麓书院，并恢复了宋代时书院的旧观，湖湘学子重又云集于此，仅废 10 余年的岳麓书院又重新焕发了生机。

　　1314 年，郡别驾刘安仁再次主持大修。这次修葺工程浩大，"门廊庖馆，宫墙四周，靡不修完"，"木之朽者易，壁之墁者圬，上瓦下甓，更彻而新"，"前礼殿，旁四斋，左诸祠，右百泉轩，后讲堂。

堂之后阁曰尊经，阁之后亭曰极高明"。讲学有堂，藏书有阁，祭祀有祠殿，游息有亭轩，其规制之整齐，规模之宏大，不逊于宋代。

这次岳麓书院的修复，引起了当时的著名理学家和教育家吴澄的关注。吴澄出生于儒学世家，曾从学于朱熹再传弟子饶鲁的门人程若庸，遂为朱熹后学、饶鲁的再传弟子。他与许衡同为元代名儒，号称"北有许衡，南有吴澄"。

吴澄自幼聪颖好学。自15岁时立志专务圣贤之学以后，先后拜程若庸、程绍开为师，长期僻居乡陋，孜孜于理学，"研经籍之微，玩天人之妙"。

1264年的秋天，吴澄陪同祖父前往抚州参加乡试。当时正遇上本州郡守邀请名儒程若庸先生到临汝书院讲学，这可谓是抚州儒学界的一大盛事。

程若庸从学于饶鲁，得朱熹之传。后历任安定、临汝、武彝三书院山长。景定时期正当南宋末造，士人大多以科举之业为务，而程若庸却潜心于理学，独以朱子之学传授诸生。

吴澄本来就专注朱学，现在又仰慕程若庸之名，于是便去临汝书院拜谒程先生。在书院外厅等待先生出来接见的时候，他发现四壁粘满揭帖，内容全是程若庸教诲学者之说，充分反映出程氏在理学方面的独特见解。

吴澄饶饶有兴致地细看了一遍，又将壁间话语默记心上。但是，他也察觉出程氏的一些说法并不完全符合朱熹学说，由此引起了他的怀疑和思索。

过了一会儿，程先生从书院的内堂走了出来。吴澄赶忙迎上前去，拜谒之后，便向先生请教。他问道："如先生壁间之书，以大学为高明正大之学，然则小学乃卑小浅陋之学乎？"如此这般，他一连质疑了好几个问题。

程若庸听后，不禁赞叹道：

> 吾处此久矣，未有如子能问者。吾有子曰仔复，与子年相若，可同学为友。

吴澄听先生如此一说，很是高兴，随即向程若庸执弟子之礼，继而经常往来于程氏之门。

程先生深知弟子吴澄于儒学必有所成，坚信其前途不可限量，但是其他的弟子却不以为然。后来，吴澄在理学上取得的巨大成就，证实了程若庸的慧眼识高徒。

吴澄还撰写了《重建岳麓书院记》和《百泉轩记》，以志其盛。

吴澄在《百泉轩记》中说：

> 书院之有泉不一，如雪如汞，如练如鹤，自西而来，趋而北，折而东，环绕而南，渚为清池，四池澄澄无发滓，万古涓涓无须臾。息屋其间，名百泉轩，又为书院绝佳之境。
>
> 二先生(张栻、朱熹)酷爱是泉也，盍非士于玩物适性而已。

在这里，吴澄指出百泉轩的建设，不再满足"凡儒俗士"、"玩物性情"的欲求，而是意在陶冶心性。

在《重建岳麓书院记》中，吴澄回顾了岳麓书院历史和记述本次修复过程，总结了岳麓办学的优良传统，并提出自己的教育主张。

吴澄对书院的官学化、沉迷科举之风颇有微词，因而记曰："张子之记，常言当时郡侯所愿望矣，欲成就人才，以传道济民也，而其要曰仁。"所以他对张栻提出的"造就人才以传道济民"的教育方针极为推崇。

在记述中，吴澄提出不以"熟于记诵，工于辞章，优于进取"为目的，要求"审问于人，慎思乎己，明辨而笃行之"的教学程序。

在元代，岳麓书院坚持了吴澄的这一教学程序，使它有别于一般以科举为目的的官学化书院，因此盛名不衰。到了元末，战乱再起，岳麓书院于1368年再次毁于战祸，所谓"破屋颓垣，隐然荒榛野莽间，其址与食田皆为僧卒势家所据"。就是当时的写照。

明初，开国皇帝朱元璋奉行"治国以教化为先，教化以学校为本"的政策，重视地方官学的复兴，而不倡导书院教育，致使全国书院颓废，岳麓书院也因此沉寂了百余年。

到了明代中叶，学校出现了衰落迹象，"天下教官多缺，而举人又厌其卑冷，多不愿就"，有识之士莫不向往书院之教。成化年间，恢复书院之势渐渐兴起。1477年，江西象山书院恢复，民间书院再次形成高潮。在这一背景下，岳麓书院开始重建。

1432年，长沙宁乡任指挥金事的周辛甫父子慷慨好义，捐修岳麓书院讲堂及道林寺田5.8公顷，使书院再次焕发生机。

之后又过了30多年，长沙知府钱澎再次兴复书院，但不久又废。1494年，长沙府通判陈钢组织修复岳麓书院，使得书院显现出原貌。

不久，长沙府同知杨茂元又与知府王绘在陈钢重建基础上，"辟道路，广舍宇，备器用，增公田，储经书"，书院到此基本恢复旧观，具备了重新开学的条件，结束了岳麓书院百年荒败的局面。

1507年，守道吴世忠率领府、卫、县官员及师生对书院进行了一次大规模的改向扩建。这次扩建，以所谓"风水"需要，进行了一次全面的勘测规划，调整了书院大门朝向及道路安排，使书院建筑群体与麓山地势、风景条件自然融合。

1527年，长沙知府王秉良又扩建了书院，这次建有成德堂及东、西两座讲堂。建筑设计妥当，形成了亭台相济、楼阁相望、山水相融的壮丽景观。

书院的讲学、藏书、祭祀三大功能得到了全面的恢复和发展，奠定了后世建筑的基本格局。嘉靖以后，明世宗对书院赐书、颁匾、置山长，对岳麓书院给予了充分的肯定和高度重视，岳麓出现"振美一时"的局面。

岳麓书院复兴后，迎来了浙江余姚人王阳明。当时社会矛盾尖锐激化，王阳明"知行合一"的思想和反对强迫灌输的教育观，受到了学界的欢迎。

早期王阳明因触犯太监刘理，而被谪贬到贵州龙场。途经湖南时，他先在醴陵靖兴寺和泗州寺讲学，再到长沙讲学于岳麓书院。他居住在岳麓山，为朋友和门徒谆谆讲解良知的学问。

当时，湖湘学派被人淡忘，需要振兴，而阳明先生的教化，使湖南又兴起了许多有志之士。从此，王阳明的学问开始在长沙传播。

1530年，明世宗为岳麓书院御赐"敬一箴"，也就是程子四箴，显示出朝廷对书院的重视。1539年，王阳明的弟子季本来到长沙，他也是一位贬官，他在任南京礼部郎中时，因事被贬谪到湖南辰州，后又升任长沙知府。

在任期间，季本修葺岳麓书院，他自己捐赠学田6.8公顷，同知林华也捐学田3.3公顷，湘城第一次出现了大规模集资兴学的热潮。季本还亲自开讲岳麓，吸引了大批士生前来听讲。他进一步传播王阳明的学说，直到被罢官回乡。

在这期间，王阳明的弟子罗洪先也在岳麓书院讲学。罗洪先特别强调"良知"要义，认为"良知"二字，是阳明先生一生经验的心得。但他没有盲从王阳明，对王阳明认为良知完全出于自然表示了不同看法，指出良知也与后天学养有关。他这种不盲从的品质，对岳麓书院的学生产生了一定影响。

明朝万历年间，王阳明再传弟子张无忭也到岳麓书院主讲，他对王阳明学说在湖南的流传，起到了推波助澜的作用。张元忭，浙江绍兴人。1582年，他因使事入长沙，应兵备道李天植的敦请，主教岳麓书院。

早在明代初年，张居正执掌宰相权柄后，一度调毁书院，禁止自由讲学。岳麓书院虽因其独特的文化地位而未被毁弃，但讲学之风早已停止。直到张居正死去，学院讲学之风才有所恢复。

王阳明及其弟子在岳麓书院的讲学活动，没有排斥尊程朱理学为正宗的湖湘学统，而是表现出二者相融合的倾向。不仅如此，张元忭对朱熹和张栻表示了极大的崇敬之情。因此，湖湘学派海纳百川、经世济用的传统，得以保存下来。

王阳明及其弟子影响了许多后起的湖南学子，如以后任长沙惜阴书院和岳麓书院山长的长沙人吴道行，就是张元忭主讲岳麓时的学生。吴道行在聆听了张元忭的讲学后，衷心服膺，追随左右。他日夜发愤攻读，终于成为湖南著名学者。

吴道行，字见可，号嵝山，善化人，师从张栻。他从小就对岳麓书院有倾慕之情，"方七岁，闻长老谈岳麓先贤讲学，便肃然倾听，指示古来忠义大节，辄色喜"，为先贤之忠义大节所感动。

1582年，张元忭在岳麓书院讲学，已逾而立之年的吴道行就学其门下，与之"大畅良知孝弟之旨，一时遂相引重"，深得张元忭的赞赏。

张元忭在岳麓书院讲学时，被张居正禁废的长沙惜阴书院恢复，吴道行被聘为山长，人称"嵝山先生"。1633年，吴道行任岳麓书院山长，长达10年，临终前两年仍讲学其间。

1641年，高世泰任湖广按察使提督学政，次年来岳麓讲学，并协助修葺书院。吴道行与高世泰成为至交好友，二人共同为恢复理学正宗，培养湖湘弟子而竭心尽力，他们的最大功绩是培养出了像王夫之这样的一代贤才。

王夫之在吴道行任山长、高世泰来院讲学期间，入岳麓书院肄业。在校期间，吴道行教以湖湘家学，传授朱张之道，较早地影响了王夫之的思想，形成了王夫之湖湘学派中的济世救民的基本脉络。在岳麓读书期间，王夫之与旷鹏陞等创立"行社"，他身体力行，致力于求学，学问大增，成为明代岳麓书院最杰出的学生。

在学术上，吴道行反对王学末流的荒诞，"笃伦敦义，讲学穷理"，"自余著述，藏之家乘，扬之国华"。他的思想与提倡治国平天下为"有用之学"，与极力维护理学正宗的东林学派十分接近。

1644年4月，明王朝覆亡。吴道行"郁郁不自得，一日趋吉藩故邸，望阙痛哭展拜，舆归山中，不食而卒"。舆归也就是岳麓。

相传清代嘉庆年间，岳麓书院进行过大修，完毕之后，门人及当地文化人士请院长袁名曜题写大门对联，院长遂以"惟楚有材"嘱诸生应对。这上联看似简单，实则有一定难度。因为此联源于经典《左传》"虽楚有材，晋实用之"之语，这就要求下联也要用典，可与之相对的一句。诸生遂埋头沉思，正在不得结果之际，贡生张中阶至，众人语之，张中阶遂应声对曰："于斯为盛"，众人甚以为妙。那么这"于斯为盛"又源出哪里？《论语·泰伯》篇云："唐虞之际，于斯为盛"，两相对应可谓珠联璧合，巧然天成。

知识点滴

山长王九溪和罗典的贡献

那是在1686年，正值康熙皇帝当政，把国家治理得井井有条，康熙强调兴礼教，他曾下诏说：

盛治之世，余一余三。盖仓廪足而礼教兴，水旱乃可无虞。比闻小民不知积蓄，一逢歉岁，率致流移。夫兴俭化民，食时用礼，惟良有司是赖。

康熙自幼就对儒家学说充满浓厚兴趣，认为"殊觉义理无穷，乐此不倦"，他在御制《日讲四书解义序》中，明确宣布清廷要将治统与道统合一，以儒家学说为治国之本。

同时，康熙皇帝还曾多次举办博学鸿儒科，创建了南书房制度，并亲临曲阜拜谒孔庙。康熙还组织编辑与出版了《康熙字典》、《古今图书集成》、《历象考成》、《数理精蕴》、《康熙永年历法》、《康熙皇舆全览图》等图书、历法和地图。

上行下效，在这种情况之下，全国的文化氛围都很浓重，湖南巡抚丁思孔率所属及士绅对岳麓书院进行了大规模重建，恢复了旧有格局。

随后，朝廷准了丁思孔所请，1687年春，御书"学达性天"匾额，并十三经、二十一史、经书讲义遣送到岳麓书院，因此建了御书楼。到清代中期，岳麓书院御书楼发展成为我国民间一座较大型的图书馆，藏书14130卷。

之后，长沙郡丞赵宁在书院东面200米处的路旁建了一座自卑亭，以供行人歇足之用。后来到嘉庆年间，时任山长袁名曜改建于路中，扩建道路于亭侧，形成后世看到的格局。"自卑亭"三字为清代山长车万育题书，亭内嵌有《自卑亭记》等碑刻。

到了1733年，雍正帝发布上谕，扶持一些省会重点书院，称之为"省城书院"。岳麓书院和原长沙府城南书院被列为省城书院，每个书院给予帑金1000两，以示支持。其后，湖南巡抚等地方官多次拨款以作书院经费。

1743年，蒋溥任湖南巡抚，上疏请求乾隆赐额。乾隆御书"道南正脉"，以表彰书院传播理学之功。至此以后，岳麓书院得称理学"道南正脉"，四方求学者络绎不绝。

乾隆以后，由于乾嘉学派的影响，一些从事诂经考史的经学家主持书院，他们在岳麓书院研究和传播经学。其中，王文清就被乾隆皇帝授为内阁中书科中书舍人，奉直大夫，考录御史，世人尊称其为"九溪先生"。王九溪与衡阳王夫之、湘潭王闿运、长沙王先谦并称为清代湖南"王氏四大家"。

后来王九溪以父老乞请终养，在御史任上退休回乡，回湘后他潜心著述，以传播学术、振兴湘学为己任。1748年，王九溪被聘为岳麓书院山长，主讲书院达14年之久。王九溪很注意培养学生"通晓时务物理"和诂经考史的务实学风。

1782年，罗典被聘为岳麓书院院长。罗典，字徽五，号慎斋，湖南湘潭人。1747年乡试第一，乾隆十六年（1751年）殿试传胪。他学识渊博，才高气正，治学严谨，育才有方，深得学生喜爱。

罗典非常重视书院的环境美化，精心策划建设了"岳麓八景"。他认为让生徒到大自然中去接受美的陶冶，不失为造士育才之良法。

在一次讲课过程中，他侃侃而谈植物的栽培之道。他说，种竹栽荷，"取其行根多而继增不息也；插柳或木芙蓉，"取其自生也"；种植桃李，"取其易实也"；移植紫薇、山踯躅，"取其发荣齐而照烂靡也"。

这种随意点评，寓教于山水花木之趣的教育方法，使生徒各依情趣和才智自由发展，不拘一格，充分发挥各自的创造精神。

罗典是位经学家，但是兴趣却十分广泛。他每年都要拿出自己的俸金，增修书院，岳麓山的柳塘烟晓、桃坞烘霞、桐荫别径、风荷晚香、曲涧鸣泉、碧沼观鱼、花墩坐月、竹林冬翠8景，都是他亲手指点加工修饰的。为了方便游客欣赏秋山红叶，他还在书院后面的清枫峡口上建了一座亭子，取名红叶亭。

有一年秋天，江南才子袁枚来到长沙，许多人仰慕他的名气，都赶来会见他。但是罗典却对他不屑一顾，他认为袁枚有官不做，到处游山玩水，生活不检点，写诗作文又标新立异，违背圣贤之道。

因此，罗典不但不进城去会袁枚，而且还怕袁枚找上门来，于是就在书院的牌楼上贴了副对联：

不为子路何由见，非是文公请退之。

子路姓仲名由，是孔子的学生。上联的意思就是："我不是和您一条路上的人，有什么理由见面呢？"唐朝的文学家韩愈，字退之，谥文公。下联的意思就是："你袁枚不是韩文公一样有真才实学的人，还是请回吧！"

　　然而，过了两天，袁枚真的来岳麓书院了。他看了罗典的对联，立刻就明白其中之意了。但是他还是来到书院门口，递上拜帖。拜帖，就是拜访别人时所用的名帖。

　　此时，罗典正在书院里整理文稿。他接过门人递上的帖子，连忙叫人传话说："山长病了，不能相见，请自便！"

　　罗典自己不接见，但是基本的礼节还是要有的，于是他派几名学生陪游袁枚。名为陪游，实为监督，罗典要求学生随时将袁枚的言论报告给他。

　　既然山长不接见，袁枚便信步游山去了。袁枚在游山时的言行及时地传到罗典那里。其中一个学生禀告说，袁枚很少介绍自己，而是向他们了解山长的治学方法。罗典听了，不觉一愣，感到袁枚并不像自己想象的那么轻薄。

　　不一会儿，又有学生禀告说，袁枚在山上和他们席地而坐，一起切磋学问，一点也不像个先生，倒像个年纪稍大的学生。罗典一听，颔首称赞道："看来他似乎是一个有真才实学的人啊！"

袁枚来到清风峡，只见这里三面环山，枫叶红得像火一样，中间开阔处有座亭子，此亭是石柱子、琉璃瓦，飞檐高挑。亭子的匾额写着"红叶亭"3个大字，柱子上刻着一副对联：

山径晚红舒，五百夭桃新种得。

峡云深翠点，一双驯鹤待笼来。

袁枚定睛看了看对联，不住地点头，他望望匾额，好像想说什么，但是又没说出口。随后，他离开清风峡，参拜了麓山寺，观赏了白鹤泉，登上了云麓宫，才兴尽下山。

袁枚在长沙住了几天，写了很多诗。说来也奇怪了，他对岳麓山上的景物都写了诗，唯独在《红叶亭》的题目下，只抄录了唐代诗人杜牧的一首绝句：

远上寒山石径斜，白云深处有人家。

停车坐爱枫林晚，霜叶红如二月花。

这分明是一首人人都背得出的诗，但是袁枚却把第三句抄脱了两个字，变成了"停车坐枫林"。这引起了长沙人的一片议论之声，跟从袁枚的岳麓书院的学生马上把这件事报告给山长罗典。

罗典听后，沉思片刻，不禁拍案叫绝。他大声对学生们说："袁公的学问真高啊，赶快打开中门，快请袁公！"

于是，袁枚被请到岳麓书院，被奉为上宾，还应罗典的邀请，进院讲学。随后，罗典又吩咐把"红叶亭"的匾额取下来，又亲笔题写了一块"爱晚亭"的新匾额挂上去。从此，罗典和袁枚成为了无话不谈的好友，红叶亭遂改名为"爱晚亭"。

在岳麓书院，有一座"赫曦台"，赫曦台原建于1167年，朱熹到岳麓书院，与山长张栻进行学术交流时，两人经常相约登岳麓山观日出。

每当看到朝阳光芒四射，朱熹就对张栻说"赫曦"，"赫曦"就是日出光明炎盛的意思。朱熹于是就把岳麓山峰命名为赫曦峰，张栻筑台，朱熹题之为"赫曦台"。

赫曦台原是建在岳麓山顶的观日台，后来山顶的赫曦台荒废了。到了清代乾隆年间，岳麓书院的山长罗典在书院前面建了这座台。道光元年，山长欧阳厚均将此台命名为"赫曦台"，以纪念朱熹和张栻。

到了1807年，山长罗典在岳麓书院举行重赴鹿鸣宴宴会。鹿鸣宴，指的是古代的地方官宴请科举考试中的考官和中试的学生的宴会，因为宴会上通常都演奏《诗经·鹿鸣》从而得名。

重赴鹿鸣宴是指鹿鸣宴60年后而举行的宴会。在岳麓书院历史上，罗典是仅有的两个重赴鹿鸣宴的山长之一。在岳麓书院举办鹿鸣宴这一天，达官贵人、科场举子云集岳麓书院，大家谈古论今，吟诗作赋，热闹非凡。

正当大家在兴头之时，一位身穿青布青袍，脚着草鞋的老道人来到院内，自称前来赴宴。结果受到了一些人的嘲讽。

正当老道转身要走的时候，一个文人清高傲慢地说道："这里是岳麓书院，哪里是你想来就来，想走就走的？"

听到这话，那老道反而不气了，他捋了捋胡须，环顾了一下四周，随后从墙边操起了一把扫把，蘸着地下的黄泥，"刷刷"两笔，就写成了一个"寿"字，之后便转身扬长而去，再也不见了踪影。

众人惊得目瞪口呆，大家回过身来看着这"寿"字时，觉得此"寿"苍劲有力，犹如龙蛇盘绕，非同凡响。

当罗典缓过神来，派人寻找道人时，却怎么也找不到了。于是，这个字就传为仙迹。赫曦台有左右两壁，只有右壁写了这个"寿"字，谁也没有勇气去补左壁上的空白。没办法，山长罗典只好亲自出手，在左壁上写了一个"福"字，与"寿"相对称。

这个"福"字一笔写成，笔力强劲，形如猛虎下山。"福、寿"2

字如龙腾虎跃，象征岳麓书院乃是藏龙卧虎之地。罗典五次连任，主持岳麓书院长达27年。岳麓书院在他主持下，发展达到了最高峰。

知识点滴

南宋末年，元兵南进，岳麓书院亦遭兵祸。尹谷不顾个人生死安危，仍率领学生聚居而学。大将阿里海牙兵围长沙，尹谷为示抗击之志，鼓励学生及全城将士、百姓奋勇参战，全家纵火自焚。尹谷死后，学生甚感悲痛，"诸生数百人往哭之"。学生在老师的行动感召下，与守城将帅一起"乘城共守"。后来，不幸城被攻破，大批学生战死。《南轩学案》城："死者无算"，表现出英勇不屈的爱国主义情愫。200多年后的明代，著名文学家李东阳至岳麓书院游历，追述此事时尚说："潭人至今道其事，犹慷慨泣下"深深为之动容。

学院的繁盛和学制变革

　　1778年，在湖南安化陶姓人家，出生了一个男孩，家长取名叫陶澍。陶澍自幼受家风熏陶，聪颖好学，在乡里素有神童之称。

8岁那年，陶澍随父就读岳麓书院，父子同窗，勤奋向学。受岳麓风气的影响，"为学以程朱为宗"，好谈义理，但又注重经世，深受山长罗典的喜爱。

1800年，陶澍父子同赴长沙乡试，陶澍考中举人，而其父落榜。1802年，24岁的陶澍参加会试考中进士，得到授翰林院编修的官职，从此步入仕途。

1805年的春天，26岁的陶澍以监察御史的身份上疏弹劾吏部重签、河工冒名及外省吏治积弊等，轰动朝野，引起朝中大臣和地方官员的一片恐慌。

正在陶澍严查吏治的时候，传来了陶父去世的噩耗。于是，陶澍不得不回乡守孝。在守孝期间，陶澍应澧州学正之邀，来澧阳书院担任主讲。在澧阳书院的3年，陶澍对当时和以后的办学都产生了积极而深远的影响。

陶澍认为"树人如树木"，应有"金可炼、垂滴石穿"的精神，才能办好书院教育。他常以车武子"囊萤苦读"、范仲淹"先忧后乐"等典范教育诸生，颇得各方赞誉。学生们听了陶澍先生讲的故事，都深受启发，学习就越发的勤奋了。

陶澍始终是把培养士子和化民成俗、治事安民联系在一起的，因此十分强调教师的德行。他在澧阳书院主讲时，有位叫戴柏亭的人，德高望重，陶澍与他成为忘年交。他复职后，还专门写诗为戴柏亭贺寿。他特别强调育人者修身养性，廉洁自守。陶澍后官至两江总督，被道光帝嘉许为"干国良臣"。

在岳麓书院，有两块汉白玉抱鼓石，这抱鼓石就是当时书院的弟子、时任两江总督陶澍在搜查贪官曹百万家里发现的，他把它赠给了岳麓书院。

这抱鼓石也叫上马石，多摆在古代官宦人家门口。并不是说踩着它上马，而是你去往人家，看到这块石就必须下马，回去时到了这里才可以上马，以表示对主人的尊重。它的正面是三狮戏珠图，象征吉祥如意，反面是锦鸡芙蓉图，象征锦上添花，下面是鹭鸶青莲图，象征一路清廉的意思。

在清代任岳麓书院的山长中，欧阳厚均做得也非常出色。欧阳厚均于1789年至1791年就读于岳麓书院，从学于山长罗典。他在岳麓书院学习很用功，与同窗"联步登堂，抠衣问字"，学业长进。1799年，欧阳厚均进士及第，担任陕西司郎等职。后厌倦官场，决意退隐。

1816年，52岁的欧阳厚均出任岳麓书院山长。此时，他已经认识到对学生进行全面培养的必要。当时科举盛行，学生专攻八股，一板一眼都有定格，内容也只能代圣贤立言，不能越雷池一步。

而欧阳厚均教育学生的作文方法却与之截然相反，他主张：

> 诸生骈研抽秘，各抒所长，或以理胜，或以气胜，或以才胜，平奇浓淡，不拘一体，总之惟其是尔。

他所归纳的为师必须"文行交勉，道艺相资"即是此意。具体来说，老师应在文、行、道、艺诸方面培养学生，这与专以八股制艺为内容的教学方法截然不同。

欧阳厚均弟子众多，多以节义功名显。左宗棠、江忠源、曾国藩、郭嵩焘均出其门下，他们皆为清代后期的经天纬地之才。

经过欧阳厚均几十年的努力，岳麓书院办学盛而不衰，高峰迭起。欧阳厚均也成为清代前中期湖湘地区最有创新精神的教育家和推动湖湘传统教育承上启下，向近代教育过渡的人物。

1831年，湖南巡抚吴荣光于岳麓书院内创办湘水校经堂，以经史、治事、辞章分科试士。后在1875年，湘水校经堂由岳麓书院迁往长沙城南。后再度迁建，改名校经书院。

在清代岳麓书院的历任山长中，丁善庆同罗典、欧阳厚均齐名。丁善庆，字伊辅，号养斋，湖南清泉县白沙里人。他因父亲早逝，从小就随母亲刘氏寄居于其外祖父翰林院大学士刘文恪公家。刘氏家教甚严，他主要接受的是儒家思想教育。

1846年，丁善庆辞官归乡，当年便被聘为岳麓书院山长。丁善庆任书院山长的第六年，书院毁于兵火，建筑全部被毁坏，多年聚藏的书籍也皆被焚毁。为重建书院，他积极倡议全省的官绅士民捐款修复岳麓书院。

倡议发出后，许多关心书院教育的人都慨然相助。其中，欧阳厚均的次子就捐赠300金作书院修复费。在极艰苦的条件下，丁善庆主持修复了20余处书院建筑。

1853年春，修复圣庙、御书楼、文昌阁、讲堂、斋舍、祠宇等地；咸丰五年（1855年）修复半学斋；咸丰十年（1860年）修复自卑亭；后来又修复三闾大夫祠、贾太傅祠、李中丞祠；1865年重修爱晚亭、极高明亭、道乡台、崇圣祠、讲堂、二门；同治五年（1866年）修复风雩亭、吹香亭、抱黄阁。

丁善庆任山长期间，还为恢复书院藏书作出了很大努力。他倡议社会名流、士林学者为书院捐书。湖南巡抚李瀚章，著名刻书家、藏书家陈仁子的后裔陈源豫，著名数学家丁取忠，还有曾国荃、俞锡霖等社会名流和官绅等都积极响应，将许多珍籍捐赠给岳麓书院。

丁善庆本人除带头捐赠藏书外，还以书院名义购置了数批图书。如《古今文学释珍》、《诸子汇函》、《壮学斋文集》等。至同治年间，岳麓书院御书楼的藏书又恢复到了相当的规模。

清末，岳麓顺应历史潮流，设译学、算学等科，增置时务和西学图书，进行了教学改革。

岳麓书院山长王光谦改革书

院课程，将教学内容分为"经义"和"治事"两门，以增添算学、译学两门新的课程。此外，他还要求刻印宣传"新学"的《时务报》发给学生阅读。

1903年3月，新任湖南巡抚赵尔巽奏请改岳麓书院为学堂，并将由时务学堂改制的高等学堂迁入，合成湖南高等学堂。学堂强调以"研求中西学为主旨"，改建斋舍，初招预科二班，办文理二科。课程有经学、史学、国文、舆地、算学、物理化学、博物生理、英文、体操等。

至此，岳麓书院由一所古代书院演变为一所近代高等学堂。

知识点滴

岳麓书院传统爱国主义教育思想是在南宋时期形成的。当时的社会十分动荡，当时，著名理学家张栻主教岳麓书院，由此促进了书院教育中的爱国主义思想的形成。张栻的父亲张浚是南宋时期著名的统帅。张浚开府治兵，都督诸路军马，志在收复中原。张栻自幼追随左右，参佐军务，亲临战场，可谓忠、勇双全。张栻主教岳麓书院后，积极宣传，并将之贯穿到教学活动和理学研究之中，深深影响了他的学生，以张栻为主形成了一个爱国主义湖湘学派团体，史称他们"见义必为，勇不可多"、"无日不战，无战不胜"。

行之有效的教育体制

　　岳麓书院作为私学，之所以取得社会公认的教育成就，因为它有一套逐步完善的、行之有效的教育教学体制。它在山长选拔、办学经费来源、生源选招、教育目标确立以及教学管理方面，都有一套成熟的制度和方法。

从经费来源来说，岳麓书院的教育经费主要靠租赁学田保证。1194年，朱熹为岳麓置学田333.3公顷，这是置办学田的开始。明代宣德年间，长沙宁乡任指挥佥事的周辛甫父子捐资修复岳麓书院，并置办道林寺田5.8公顷。

嘉靖时期，长沙知州王秉良扩建书院，并捐置学田1.2公顷。次年，孙存继任，个人又捐学田4.5公顷，并请政府增拨公田96.6公顷，书院财力已相当雄厚。

之后，长沙知府季本大规模修整书院，自己捐赠学田6.8公顷，同知林华也捐学田3.3公顷，湘城第一次出现了大规模集资兴学的热潮。这一时期岳麓书院共有学田148.2公顷，其中私人捐助达22.2公顷，占15%。

除了学田收入外，岳麓书院办学经费的另一个来源是官府支持。比如在清雍正年间，清政府将岳麓书院等一批重点书院称之为"省城书院"，每个书院给予帑金1000两。

充足的教学经费为书院的师生提供了良好的就读环境和生活保障。根据史料记载，1763年，岳麓书院山长的年收入为白银465两，学生则享受政府全额奖学金，每年收入白银11两。

书院山长的人选也非常重要。山长即院长，是书院教学、行政的主持者。宋以后，书院大多沿用山长之名。从字义上讲，"山长"有山中长老的尊敬之义。因当时书院聘请掌教之人，大多是学行兼优、居山林而不做官的学人，加之书院多依山林、择胜地而建，故有此名。

主持书院的大多是地方名儒，有一定的学术造诣，是由书院自己聘任的，而不是由政府任命的。这体现了书院办学者一定程度的独立性。后来即便政府控制了书院的教师选聘权，在具体物色人选时仍要考虑其学术声望。

书院实行山长负责制，所谓"山长"就是校长，山长的道德、学识和社会名望都得是出类拔萃的，历任山长不仅治学严谨，而且管理有方。

岳麓书院在当时属于高等学府，入院生徒对经史有一定了解，赋诗作文已有一定基础，甚至还要通过一定的考试或推荐，才能选拔入学。"潭州三学"就反映了岳麓书院录取生徒的情况。

明代《岳麓志》记载：所谓"三学"，即指潭州州学、湘西书院、岳麓书院三位一体，分成3个等级。学生通过考试，以积分高下逐级安排升舍。官办的州学学生考试成绩优良者，可升湘西书院，最高者，方可升岳麓书院，在"三学"中，岳麓书院为最高学府。

起初，潭州太守李允重新扩建书院之后的学生正式定额为60余人，到了北宋大中祥符年间，周式任岳麓书院山长，将岳麓书院带入了北宋最为繁荣的阶段，很快就发展到学生数百人。到了清代，学生名额分正课、附课两种。乾隆时正课生增至68名，附课生增至35名，计103名。

嘉庆时又增附课生35名，生额总计138名，其后保持不变，有时也额外收些游学之士。因而，岳麓书院的住院生一般都保持在一二百人之间。

在生源稳定的情况下，岳麓书院以培养健康的道德人格、务实的治学精神和博学多思的治学方法为教学原则。张栻曾在《岳麓书院记》中强调，岳麓书院的教育宗旨是"传道济民"，也就是说，书院教育的目标就是要使每一个受教育者道德自我日臻完善并促成内在人格的完成，并且道德人格必须完成外在社会价值的实现。

岳麓书院在千年办学过程中，还一直将"务实"、"求实"作为追求的教育理念，主要体现在经世致用的价值取向、实事求是的思想方法、学贵力行的治学风格3个方面。

　　经世致用是岳麓书院一贯倡导的学术宗旨和教育宗旨。书院强调，一切学问必须有益于治国安邦、国计民生，才具有价值与意义。

　　"务实"不仅是一种价值取向，也是一种尊重事实、追求真理的思想方法。无论是从事学术研究或从事教育，都应该引导人们从天地万物中探索这一真实的"理"或"道"，就是"实事求是"。

　　在治学中，要重事实、重归纳、重证据。后来发展演变为近代自然科学的实证精神。"学贵力行"的治学风格，就是将知和行看成是一个互相促进、不断深入的过程，即"知行互发"、"知行并进"。

　　同时，岳麓书院的师长们总是将广泛地获取知识学问，作为书院教育的重要目的。在这个基础上，"思"是从事实和知识中获得深刻全面的道理，也就是要穷究事物所以然的道理，要能提出疑问，以引发学者深入思考，解决问题。岳麓书院作为理学的基地，还提倡敢于怀疑的精神。

在长期的教学实践中，岳麓书院课程内容也相对固定，主要以哲学、史学、文学、文字学为主，也要学习应付科举考试的八股文和试帖诗等。

在明代陈论主教的期间，他潜心传播周敦颐及朱张等理学大师的理学，还设"习射"课程，聘请长沙卫指挥杨溥度为教习。后来，到了清代，书院由民办逐渐演化为官办。

在祭祀方面，清代岳麓书院先后几次增设祭处，达29处之多，受祀者将近百人。后来，建文昌阁于讲堂之后，供奉文昌帝君，凡在院诸生考中功名者，悉得题名其间。又在院前土卓创建了魁星楼，并将原六君子堂改为岳神庙。

随着乾嘉考据学的兴起，岳麓书院往往由从事诂经考史的著名汉学家主持，学习内容也由理学转向经史考证。罗典任山长之后，"唯以治经论文，启诱后进"。道光年间巡抚吴荣光在岳麓书院增设"湘水校经堂"，专以研习汉学为主。后来，校经堂发展为校经书院，进一步发展了校经堂通经致用的务实学风。

清光绪年间，岳麓书院山长王光谦实施课程改革，将教学内容分为"经义"、"治事"两门，以增添算学、译学两门新的课程。

1903年3月，新任湖南巡抚赵尔巽将由时务学堂改制的高等学堂迁入，合成湖南高等学堂。学堂办文理二科，课程有经学、史学、国文、舆地、算学、物理化学、博物生理、英文、体操等。

从岳麓书院的教学方式来看，岳麓书院不同于传统的官学的教学方式，摸索出了一套独特的、行之有效的教学方式。

岳麓书院强调学生读书自学，重视对学生自修的指导。朱熹曾对学生说："书要你自己去读，道理要你自己去究索，某只做得个引路的人，做得个证明的人，有疑难处共同商量而已。"为了指导学生自学，朱熹还专门制订了一套读书法。

岳麓书院对外坚持"开门办学"的理念。书院常年接待访问学者，允许外来人员旁听，并安排食宿。在这样的背景下，岳麓书院一直保持很高的教学水准和学术研究水平。

岳麓书院教学不受地域和学派的限制，允许不同书院、不同学派的师生互相讲学，互相听课，互相争论和交流，其中"会讲"就是岳麓书院独创的讲学形式。

会讲是岳麓书院的一种学术活动，不同学术观点的学派在或大或小的范围里进行探讨和论辩，学生也可旁听，既推动了学术研究又推动了教学。

岳麓书院既是一个教育机构，又是学术研究基地。书院均不以参加科举考试为目的，而以研究传播学问和道德践行相标榜。书院的创建者，主持人大多是一方有名的学者，他们担任主讲时，一般都是讲自己的学术心得，不少研究成果也是在讲学的过程中完成传播并取得社会承认的。

在教学管理方面看，岳麓书院采取比较自由的教学方法，一般由山长本人或其他教师十天半月讲一次课，其他时间以自学为主，自学中有什么问题随时可向教师咨询，或学生间互相讨论。

岳麓书院有明确的学规。岳麓书院的学规，最早源于朱熹的《书院教条》，到清代乾隆年间，欧阳正焕任书院院长时，提出"整、齐、严、肃"4字学规，具体为：

> 时常省问父母；朔望恭谒圣贤；气习各矫偏处；举止整齐严肃；服食宜从俭素；外事毫不可干；行坐必依齿序；痛戒讦短毁长；损友必须拒绝；不可闲谈废时；日讲经书三起；日看纲目数页；通晓时务物理；参读古文诗赋；读书必须过笔；会课按时蚤完；夜读仍戒晏起；疑误定要力争。

岳麓书院课程安排清晰有序，每月有几次严格的考核。考试后，对成绩优秀的学生进行奖励，对成绩落后的给予惩罚。

此外，学生还必须把自己每日读书的情况记在"功课程簿"上，山长定期亲自抽查。正是基于书院这些完善且行之有效的教育体制，才使三湘大地上人才辈出，历经千年，弦歌不绝。

知识点滴

清代许多著名山长均将经世致用之学摆到重要地位。王文清主持书院期间，制定了《岳麓书院学规》，将"通晓时务物理"作为教学内容。主教岳麓书院27年之久的山长罗典，也注意将品德教育与时务结合起来。他的教育主张是："务令学者陶泳其天趣，坚定其德性，而明习于时务。"岳麓书院的山长贺长龄，也是一个以讲求经世致用之学而闻名于晚清的重要学者，他和魏源主持编撰的《皇朝经世文编》成为推动晚清经世致用学风进一步发展的重要著作。经世致用的教学传统对于岳麓书院发展成为一所现代大学，起到了十重要的推动作用。

书院建筑的独到之处

　　岳麓书院作为闻名中外的书院，凝聚了我国古代许多建筑大师的心血和智慧，在建筑艺术方面也达到了一个高峰。

岳麓书院坐落于湖南长沙岳麓山脚下的清风峡口，三面环山，层峦叠翠，书院前临湘水，后枕岳麓山，依山傍水，四周林木荫翳，环境幽静雅致，自然景观与人文景观融为一体，高度协调。岳麓书院建筑的独到之处，可以用8个字来概括："天人合一，朴实无华"。

岳麓书院古建筑在布局上采用中轴对称、纵深多进的院落形式。从湘江西岸的牌楼口，直往山巅，早有古道联通，形成一条风景中轴线，岳麓书院就建在此中轴线上的中点。

院前有天马、凤凰二山分峙两旁，俨若天然门户，古代其前后有朱张渡、柳堤、梅堤、咏归桥、翠微亭等景点相伴；院后沿中轴线而上，有爱晚亭、舍利塔、古麓山寺、白鹤泉及后来修建的蔡锷墓、黄兴墓等著名景点，其他景点星布于中轴线的两侧。

书院的前门、赫曦台、大门、二门、讲堂、御书楼依次沿中轴线而建。文庙、专祠及半学斋分建中轴线的北侧；教学斋、白泉轩、园林、碑廊等分建于中轴线的南侧。

中轴对称、层层递进的院落，除了营造一种庄严、神妙、幽远的纵深感和视觉效应之外，还体现了儒家文化尊卑有序、主次鲜明的社会伦理关系。

　　岳麓书院体现了典型的书院建筑特色。我国古代的书院，一般由三大部分组成，一是讲堂，二是藏书楼，三是祭祀的场所，而岳麓书院的这三大部分是十分齐全的。

　　讲堂位于中心位置，以突出其核心地位。中轴线的最后、也是整个书院之中地势最高之处是御书楼，显示其在书院之中的重要性，因为"书院"一词最早仅有藏书供人阅读之意。

　　在中轴线的西边，有以文庙为主的祭祀建筑群，这是按照儒家礼节之中的"左庙右学"来安排的。这几大部分，界限分明，各有特色，体现了我国古代书院建筑的特征。

　　从整体上看，岳麓书院整个建筑朴实而不奢华。从构架上看不施斗拱，从装饰上看不求华丽，极少彩绘，一般显露结构特点和材料的本色，加以适当的油漆处理和重点装饰，更显民间特色和朴实风格。

岳麓书院三大部分各有其特征。讲堂是岳麓书院的核心部分，它的功能决定了它的样式。讲堂是岳麓书院讲学、讲会、宣教等重要礼仪活动之中心场所，容纳的人也是要比较多的，所以，它是一个5间建筑，比较宽敞，而且它面对的庭院也开敞，增加了活动的余地。

讲堂也是最庄严肃穆的场所，为了起到教育的作用和显示岳麓书院的历史地位，里面有大量的匾额、对联、石碑等。

御书楼作为整个书院的灵魂所在，它位于岳麓书院中轴线的最后，而且其地势是最高的，同时也是最幽静的地方。因为藏书楼一怕水、二怕火，所以它的楼层最高，而且在其前方有对称的两个水池，既起到了美观的作用，又有重要的实用功能。

文庙和其他祭祀性建筑，在书院中起到了传统教育的作用。由于是纪念儒家的先贤和对岳麓书院的有功之臣，所以按照儒家的礼仪"左庙右学"，建在了书院中轴线的西边。按照古代的统一规定，文庙用的是红墙黄瓦以显示其重要的地位。在建筑上，大成殿用的是二重歇山的屋顶，也显示了其地位的重要性。

岳麓书院的建筑不但有一般书院的特点，同时也突出体现了典型的湖南地方特色。像多采用歇山和硬山的屋顶，是湖南建筑的一大特色。岳麓书院多采用高大坚实的封火山墙，与其起伏多变、鲜明生动的天际线，和门廊、窗洞的点缀，形成强烈的对比。

岳麓书院的建筑体现出了深刻的湖湘文化内涵。它不同于华丽隆重的官学建筑，也不同于花俏的民间建筑，反映出儒教文化的精神和典雅朴实的格调。

岳麓书院还体现出含蓄幽雅的园林建筑艺术。建筑艺术就像写文章一样，不喜欢平铺直叙、一览无余。理想的建筑物不能够在一开始就能窥其全貌，要随着角度的变化，层层深入，逐步展露魅力。岳麓书院多用天井穿插、屏风隐蔽，形成了丰富多样的空间层次，给人以宁静幽深之感。

像从讲堂绕过屏风到御书楼，从御书楼下进到园林之中，从讲堂走到文庙，都给人以"山重水复疑无路，柳暗花明又一村"的感受。而庭院的连续，步移而景换，又给人以"庭院深深深几许"的好奇。

在这个园林里，溪流、树

木、碑廊、房屋和谐统一、相互映衬，构成了一道自然和谐的风景。园林里，清新活跃，体现了我国古代建筑统一中求个性，对称里有变化的原则。

岳麓书院中，水的运用恰到好处。古人造林，讲究水的运用，"七分水、两分竹、一分屋"。岳麓书院的水，是从岳麓山清风峡里引来的"活水"。

所以围绕这里的泉水，形成了几个景点，像"曲涧鸣泉"、"碧沼观鱼"。让水串联于其中，既使得各个部分有了连贯性，又使整座建筑有了活气和灵气，动静结合，相得益彰。

书院里的园林，与其他地方的还有所不同，书院的园林更加讲究寓教育于游息之中，通过环境气氛实现移情养性的功用。园林中既有诗情画意，又有碑刻铭文。既有清泉翠竹，又有各种轩、亭。这些碑刻含有碑记、箴言、警句、诗词、铭文等等，通过书法艺术的渲染，构成书院独特的装饰景观，营造了潜移默化的环境氛围。

知识点滴

　　作为一所古代的高等学府、教育机构，求学是学生们来书院的主要目的。岳麓书院的师长们总是将广泛地获取知识学问，作为书院教育的重要目的。南宋初，主持岳麓书院教事并在此发展湖湘学派的张栻，就非常重视"博学"的教育。他认为，天下万事万物，均有自己的道理，学生来书院求学，就是要探明天下万事万物的道理。他向学生反复强调这一点："盖君子于天下之事，无所不当究。"

石鼓书院

　　历史名城衡阳人文荟萃，石鼓文脉绵延千年。石鼓书院位于湖南衡阳石鼓山，是一座历经唐、宋、元、明、清的千年学府，始建于810年，已有1200年的历史。1035年，朝廷赐额"石鼓书院"，遂与应天书院、白鹿洞书院、岳麓书院并称全国四大书院。

　　作为湖湘文化的重要发祥地，石鼓书院在我国书院史、教育史、文化史上享有较高的地位。正所谓"石出蒸湘攻错玉，鼓响衡岳震南天"！

后人承先祖遗志创办书院

　　相传在汉代，三国武侯诸葛亮以军师中郎将的身份驻军临蒸，也就是衡阳，督办长沙、零陵、桂阳三郡军赋，就住在石鼓山上。后人

为了纪念诸葛亮"鞠躬尽瘁，死而后已"的精神，在石鼓山的南面建"武侯庙"，后来被迁移至石鼓山上李忠节公祠旁，改名为"武侯祠"。

　　至唐代贞观年间，刺史宇文炫开发石鼓东崖西溪间为游览胜地，并题写"东岩"、"西溪"4个大字，雕刻于东西崖壁上。其后，刺史齐映于山之东建了一座合江亭。

贞观年间，韩愈出任监察御史，因关中大旱，他上奏朝廷减免徭役、赋税，激怒了皇上，被贬阳山。直到21年后才被赦免，被派往江陵府任法曹参军。

韩愈在赴任途中经过衡州，刺史齐映在石鼓合江亭宴请韩愈。韩愈作诗《题合江亭寄刺史邹君》，诗云：

红亭枕湘江，蒸水会其左。瞰临眇空阔，绿净不可唾。维昔经营初，邦君实王佐。翦林迁神祠，买地费家货。梁栋宏可爱，结构丽匪过。伊人去轩腾，兹宇遂颓挫。老郎来何暮，高唱久乃和。树兰盈九畹，栽竹逾万个。长绠汲沧浪，幽蹊下坎坷。波涛夜俯听，云树朝对卧。初如遗宦情，终乃最郡课。人生诚无几，事往悲岂那。萧条绵岁时，契阔继庸懦。盛事复谁论，丑声日已播。中丞黜凶邪，天子悯穷饿。君侯至之初，间里自相贺。淹滞乐闲旷，勤苦劝庸惰。为余扫尘阶，命乐醉众座。穷秋感平分，新月怜半破。愿书岩上石，勿使尘泥涴。

因诗中有"瞰临眇空阔，绿净不可唾"之句，合江亭又被称为

"绿净阁"。地以人传，石鼓名声大振，成为文人骚客们的"朝圣"之地。

唐宪宗元和年间，享有"唐代八大诗人之一"美誉的衡州刺史吕温，在任期间又对合江亭进行了扩建装修。

810年，湖南有个名叫李宽的名士，他饱读诗书，颇有才学，但却对做官不感兴趣。当朝宰相曾推荐他入朝，被其婉言谢绝。为避免朝廷征召，李宽决意远走他乡。

一天，李宽无意中读到了韩愈写的《题合江亭寄刺史邹君》一诗，诗中描写的"红亭枕湘江，蒸水会其左。瞰临眇空阔，绿净不可唾"的美景打动了他。于是，李宽收拾行装，风尘仆仆地南下衡州，找到了城北蒸水与湘水交汇处的石鼓山。

他抬眼望去，只见山上树木葱郁，清幽静谧；低头一瞧，脚下绿水环绕，烟波如画。面对此情此景，李宽顿觉心胸舒畅，于是决定留下来做个隐士。李宽在山间搭建起一座小房子，取名"读书堂"，作为他私人读书的地方。

吕温对读书人格外尊重，他和文朋诗友的到来，为李宽的读书堂增添了不少的文化气息。李宽也绝不会想到，自己搭建的这间读书堂，竟然成为了我国古代最早的一座书院的雏形。

至宋代，李宽的后世族人李士真听说了先祖的这段故事后，心底不由得升起一股自豪之情和责任感。他给郡守写了一封信，表示愿意捐出家产，扩建先人李宽的读书旧址，让学者们能有一个传道讲学，读书人能有一个学习交流的场所。

李士真的义举得到了官方的支持，于是官民合力，把一个私人小草堂扩建成了一座公立学堂。

978年，宋太宗赵光义为"石鼓书院"敕额。由于慕名前来的名士、学子增多，书院专门选出一些德高望重的人负责日常的执教和管理事物。

1001年，宋真宗颁给全国各地官学、书院发送国子监印本经书。石鼓书院就摹印国子监及本道各州书籍供人研习。藏书十分丰富，涉及经、史、子、集，范围极其广泛。后来，名流霁学石鼓书院，研习典籍经卷，来往不绝。

1035年，曾担任集贤殿校理之职的刘沆在衡州任知府，他将石鼓书院的情况上奏给仁宗皇帝，仁宗阅后，便赐额"石鼓书院"。此间，刘沆主持修建了书院。

由于石鼓书院享有两度被宋朝皇帝"赐额"的殊荣，从而步入鼎盛时期，成为与应天书院、岳麓、白鹿洞齐名的全国著名四大书院之一。许多名流都到石鼓书院讲学，如文学家苏轼、理学大师周敦颐等。

1187年，理学大师朱熹、张栻在此讲学，朱熹作《石鼓书院记》。

《石鼓书院记》不仅让石鼓书院再一次"有声于天下"，再创辉煌，而且拓展了古代书院的教育理论体系，推动了南宋书院的进一步发展，促进了南宋理学的兴旺发达和学术文化的繁荣昌盛。

《石鼓书院记》在我国书院发展史上是一篇匠心别具的代表作，在书院文化传播上具有重要意义。

仁宗庆历四年，就是公元1044年，石鼓书院成为衡州路的官办学府，有正式教授一人，主要"以经术教导"学生。1274年正月，湖南提刑文天祥驻衡州时，作诗《合江亭》，云：

天上名鹈尾，人间说虎头。春风千万曲，合水两三洲……

提刑宋若水继成，奉先圣先师之像，集国子监及本道诸州印书藏其中，请朱嘉作记，告诫诸生要辨明义利，有志"为己之学"。

南宋开庆元年（1259年），书院毁于兵火。景定元年（1260年），提刑俞琰命山长李访"扫地更新"，"尽复旧观"，增辟园圃，仰高楼，取明德新民文章，为诸生丕扬其义，绝响再闻，士风作振。

宋代，石鼓书院进入鼎盛时期，学子求学的热情颇高，学风浓厚，留下了不少佳话。

元代，石鼓书院继续办学，但其田产于1292年为灵岩寺僧强占，经邓大白、王复、康庄、程敬直等历任山长长达62年争讼，才得归还。元代，石鼓书院是少有的受统治者重视的书院。山长们的讲学多是传播大师学说，他们倡导程朱理学，凭己意发挥阐释儒学经典。

元时，著名官宦学者伯颜、契玉立、李处巽、陈松年都题写过石鼓山水、书院诗文胜景，为书院平添了许多人文色彩，使元时石鼓书院仍然享有盛名。

时任刺史吕温也是一位风雅好学之士，他得知李宽结庐而居石鼓山的消息后，亲自去拜访他。与吕刺史同去的还有不少当地的学子士人，大家以文会友，互相唱和，你来我往，玩得不亦乐乎。吕温还将李宽的读书堂题名为"寻真观"，并作《同恭夏日题寻真观李宽中秀才书院》日记其事。

知识点滴

书院"王湛之学"的传播

　　到了我国明代的时候，石鼓书院再次得到了重视，也是恢复较早的书院。1413年，知府史中重修书院以待旅游学者，设礼殿祭祀孔子，乾张祠祭祀韩愈、张拭，书院在天顺、弘治年间均有修茸。

1509年，叶钊为山长，讲圣贤身心之学，道德之首，剖析疑义，阐发幽微，"时学者翕然云从"。大韶早年曾经求学于石鼓书院，致仕后"重返母校"，主讲石鼓书院，并参与编纂、重校首部《石鼓书院志》，为后世留下了极为珍贵的有关书院史料。

明代，石鼓书院理学传播盛行。王阳明、湛若水的心学兴起，吸引许多著名的理学家及其门徒到此讲学，石鼓书院俨然成为王、湛各派的学术大讲堂。嘉靖年间，湛若水两次率弟子来石鼓讲论"体认"之学。

湛若水官至礼部、吏部、兵部三部尚书，属明儒理学的白沙学派，主张"随处体认天理"的理论，他与主张"致良知"学说的王阳明虽各立门户，但却是至交好友。

明嘉靖初年，王阳明游南岳，并在文定书院讲学。湛若水本来相约同游，但直到20多年后才来到南岳，此时他已经78岁了。此后，湛若水先后3次游历南岳，可谓"寿翁游寿岳，其乐无穷"。

湛若水第二次游南岳时，看中了紫云峰下一片风光独秀之地。此处群山环绕，清溪涓流，后山青松翠竹，曲径通幽，幽深处有迷人的紫云洞。

湛若水对衡阳情有独钟，原因在于南岳和石鼓书院是他心中传播和研究理学的圣地。湛若水先后5次到石鼓书院讲学，传播心学，湖湘学子慕名而至，极大地推动了心学对理学的变革。

石鼓书院作为全国的学术中心，不但湛若水对它青睐有加，王阳明的弟子也对书院非常重视。1531年，王阳明的弟子邹守益慕名而来，讲学石鼓书院，阐述"致良知"的思想，从学者蜂拥而至。

邹守益，号东廓，江西邹氏，是江南极负盛名的名门望族，四代人中有7名进士，1名解元，5名举人，1名贡元。其中，以邹守益最为著名。他认为，教育是人后天赖以长进的最根本的途径，他把王阳明的"致良知"学说作为道德教育的根本，并对"致良知"作了充分的发挥。

嘉靖中期，邹守益讲学石鼓，著《教言》25篇，对识性、求实、时习、笃行、慎独、戒惧、格物、致知等作了精辟的阐述，成为诸生向学的至理名言。四方从游者踵至，被诸生尊为书院"山斗"。邹守益自己还创办了东廓书院。

"王湛之学"作为明代中叶的盛学，两派虽各立宗旨，但其门人弟子并没有太多的门户之见，王学门人可以卒业于湛学，湛学弟子可以受业于王学，王、湛二学结成了秦晋之好，这在我国学派林立的学术史上值得称道。

石鼓书院以及甘泉、白沙、东廓等书院，作为"王湛之学"最重要的传播平台之一，众多一流的学术大师交相辉映，一时名重天下，形成南宋之后的又一个鼎盛高峰。

1549年，知府蔡汝楠以书院为朱熹、张栻、湛若水、邹守益"过氏之地"，乃重整书院，订立规约，以学文敦行、辨声慎习、等伦常、识仁体训士，刊《说经札记》、《衡汀间辨》、《太极问答》等，"忘倦"达4年。同时，他还请赵贞吉、皮鹿门等"海内名公"讲学其中，诸士环听，"宛然一邹鲁洙泗之凤也"。

1612年，巡抚记事，观察邓云霄大修书院，以"铸士陶昆"、建有讲堂、敬义堂、回澜堂、大规模、仰高楼、砥柱中流坊、棂星门、风雩、沧浪、禹碑、合江诸亭，其他"殿祠号舍，罔不完葺"，规模极一时之盛。1642年，提学高世泰又对石鼓书院进行修葺。青年时的王船山更是多次写诗词颂扬石鼓书院。

明朝末年，学风兴盛的石鼓书院再次毁于兵火。

《国朝石鼓志》载，1172年殿试，石鼓书院登进士第的就有王居仁、邓友龙、邓友龄3人。1551年壬子乡试中，石鼓书院诸生李孟彰、王大韶、谭汝赓、徐应南、彭良臣、陶宾6人中举，史称"朱陵六凤"。

明末王船山、李国相、夏汝弼、管嗣裘、邹统鲁等高风亮节、博学多才者也出自石鼓书院。1880年庚辰会试，石鼓书院的祝松云、谭鑫振、杨依斗、陈鼎4人同中进士，其中1人殿试点探花，1人朝考选庶常。石鼓书院可谓人才辈出，"各领风骚数百年"。

知识点滴

发展成讲学式书院的楷模

　　到了1657年，桂王的永历政权内部发生矛盾，清世祖命经略大臣洪承畴率所部相机进取，洪承畴将石鼓书院当做军事指挥所。同年，偏沅巡抚袁廓宇上奏清廷，申请重建石鼓书院。

　　此时，山上建有合江亭、禹王碑、武侯祠、大观楼、会讲堂、忠节祠、七贤祠等建筑。其中，禹王碑上刻有奇特的古篆文，字分9行，共77字。因字体奇古，似蜷身蝌蚪，难以破译。传说碑文记述和歌颂了大禹治水的丰功伟绩。

　　1668年，知府张奇勋扩建石鼓书院。1689年，知府崔鸣再次扩建。清代书院实行科举化，石鼓书院成为传授举业、培养科举人才之地。石鼓书院的山长大都颇有名望，如旷敏本和林学易都是衡山县人，均为进士出身，都是石鼓书院历史上很有作为的山长。

　　旷敏本23岁中秀才。1723年，他被学使黎致远赏识，选拔为贡生。翌年被举贡进京入国子监肄业，候选知县，随即被考选充任景山内廷教习。在为人做幕客的数年中，他并未忘记功名进取，于1729年考中举人。3年后，他又考中乾隆丙辰进士，并被选入翰林院为庶吉士。

1754年，湖南巡抚礼聘他出任长沙岳麓书院山长。3年后，他又遭母丧，于是离职还乡守丧。此后，他便长期住在南岳老家，专心从事读书著作，后出任石鼓书院山长，因学问精湛，出类拔萃，备受时人称颂，士子争以出其门下为幸。

林学易于1754年中进士，官至翰林院检讨，丁忧归家，不复出。1761年，他被聘为石鼓书院山长，连续执掌书院达15年之久。他是书院历史上较有成就的山长之一。

除任职石鼓书院外，林学易还先后在衡阳莲湖、衡山集贤、湘潭昭潭、永州群玉诸书院任职，其"品行、学问、文章为当时所钦"。

石鼓书院的末代山长为曾熙，字季子，又字嗣元，晚年自号农髯。曾熙出身贫寒，两岁丧父，靠母亲为人缝补浆洗，艰难度日。他的外舅时常接济，并启蒙他识字。曾熙自幼聪慧，刻苦勤奋，故里一直都流传着"囊萤照读"的故事。

曾熙8岁能吟诗赋对，为人代写春联，在邻里周边有"神童"之誉。他20岁中秀才，31岁中举，43岁殿试中进士，官至兵部主事，兼任提学使，弼德院顾问。

1894年，甲午战争爆发，曾熙"投笔从戎"，抗击外敌入侵。在《马关条约》签订前夕，他积极参与康有为发起的"公车上书"，遭到清政府的排斥。

于是，曾熙转为"教育救国"，先后两次应湖南当局聘请，回湘主讲衡阳石鼓书院、汉寿龙池书院，并担任湖南教育学会会长、湖南南路优级师范学堂监督，被誉为"南学津梁"。

石鼓书院成为湖湘地区引人瞩目的儒学传播基地，并进一步发展成为我国古代"讲学式"书院的楷模，对湖湘文化的演变和发展作出了突出的贡献。

清乾隆衡阳县令陶易写有《石鼓书院》一诗，描绘了"英才荟萃"的景象，诗曰：

旷代儒风喜未颓，一时讲院尽英才。

双流环绕宫墙肃，乔木阴森士气培。

祀典已崇新俎豆，诗篇长焕旧亭台。
自今游履休嫌忧，绿竹西溪一经开。

　　1880年庚辰会试，石鼓书院的祝松云、谭鑫振、杨依斗、陈鼎4人同中进士。像这样的栋梁之才，还有清代的中兴名臣彭玉麟、衡阳第一个传胪彭述等，他们均有所作为。

　　彭玉麟，字雪琴，号退省庵主人、吟香外史。他在就读于衡州府城石鼓书院时：

　　旧袍敝冠、三餐不继，然介然自守，未尝有饥寒之叹。

　　而此时，他的弟弟彭玉麒则尚未成年就跟别人去远方学做生意，多年不通音讯。面对窘境，彭玉麟只得放弃学业，在军营中谋了一份文书的职业，聊以奉养寡母。

　　然而，美玉始终不同于砾石，在这期间，彭玉麟遇上了生命中的第一位伯乐，就是衡州的知府高人鉴。一个偶然的机会，高人鉴在军营中看到了彭玉麟写的一份文书，对他的文才与书法大加赞赏，于是招揽为门下弟子。自此以后，彭玉麟的人生路途才算顺畅了许多。

　　后来，一场轰轰烈烈的太平天国起义，把衡湘一群优秀知识分子推上了历史的前台。

　　清末，彭玉麟担任水师统帅，湘军首领，

人称雪帅。他与曾国藩、左宗棠并称大清三杰，与曾国藩、左宗棠、胡林翼并称大清"中兴四大名臣"，湘军水师创建者、中国近代海军奠基人。官至两江总督兼南洋通商大臣，兵部尚书。

1853年9月至次年正月，曾国藩在衡州组建湘军水师，石鼓书院附近的水面成为中国近代海军的摇篮。

1902年，石鼓书院改为衡阳官立中学堂，1904年再改为湖南南路师范学堂。

后来，石鼓书院相继改为"衡郡女子职业学校"和"湖南省立第三师范学校"。因石鼓山地形狭小，无法满足新型学校要求，学校迁移，书院便成为游览、祈祀的名胜之地。

知识点滴

比山长资格、威望更高的是山斗，也就是泰山、北斗的合称，犹言泰斗。邹守益是明代大儒王守仁的高足，1511年中进士第一，授翰林院编修，累官至南京国子监祭酒。嘉靖中讲学石鼓，著《教言》25篇，对识性、求实、时习、笃行、慎独、戒惧、格物、致知等作了精辟的阐述，成为诸生向学的至理名言。四方从游者踵至，被诸生尊为书院"山斗"。旷敏本和林学易都是衡山县人，都是进士出身，都是石鼓书院历史上很有作为的山长。旷敏本被聘为岳麓书院山长后因学问精湛，出类拔萃，备受时人称颂，士子争以出其门下为幸。

应天书院

应天书院，即应天府书院，又称睢阳书院，其前身为南都学舍，为五代后晋时的商丘人杨悫创办，位于河南商丘古城南湖畔，为中国古代著名的四大书院之一。

北宋初书院多设于山林胜地，唯应天书院设于繁华闹市，而且人才辈出。随着晏殊、范仲淹等的加入，应天书院逐渐发展为北宋最具影响力的书院，是古代书院中唯一一个升级为国子监的书院，被尊为北宋四大书院之首。

杨悫与戚同文建南都学舍

那是在唐末五代后晋时期，由于连年战乱，官学遭到破坏，庠生失教，中原地区开始出现一批私人创办的书院。

930年，河南商丘虞城有一位名叫杨悫的学者，他"力学勤志，不求闻达"，聚徒讲学，创办了"南都学舍"，旨在振兴教育，这一善举得到了归德将军赵直的支持。

南都学舍创建后，在杨悫的努力下，办学成绩显著，培养出了一批人才，名儒戚同文便是其中的一位。

戚同文，字文约，一作文均，北宋宋州楚丘人。戚同文出身于儒学世家，自幼父母俱丧，随祖母就养于外曾祖父家，过着寄人篱下的孤苦生活。戚同文侍奉祖母，以孝闻名。祖母去世后，他昼夜哀泣，数日不食，乡里邻人深受感动。

戚同文听说当地名儒杨悫设馆教授学生，于是便来到学舍，恳求入舍学习。杨悫见其意挚诚，于是就教他读《礼记》。戚同文聪慧过人，又异常勤奋，结果不到一年的时间，就能背诵四书五经了。杨悫见他聪慧过人，将来必有大才，于是便将自己的胞妹许配给他为妻。

时值后晋末年，天下大乱，戚同文立志不去做官，但他却希望国家早日统一。杨悫常鼓励他去做官，但是戚同文却说："长者不仕，同文亦不仕。"

杨悫依附于将军赵直家，赵直患重病，不能起床，于是便将家事托付给戚同文，同文处理得井井有条。赵直器重同文的为人，对他厚加礼遇，为他兴建学校，招收门徒。

由于戚同文学问渊博，精通五经，执教有方，使得私学声名鹊起，四方学子负笈茹辛，"不远千里"而至，"远近学者皆归之"。

960年，北宋建立。由于朝廷急需人才，实行开科取士，当年2月就开科考试。没想到该书院就出了8位进士。一时间，书院声名鹊起，人才辈出，名扬四海，有"七榜五十六"之美称。

戚同文品学兼优，为人纯厚朴实，崇尚信义，遇人有丧事便尽力帮助，宗族、邻里贫困无法生活的他便去周济。冬天，他常将自己的棉衣送给身寒无衣的人们。他不蓄积财产，不营建居室，主张"人生以行义为贵，何必去积财呢？"因此深得乡人的推崇。

遇有不孝父母、不友爱兄弟的人，他便教以做人为善的道理。他善于识人，与他交往的都是当时的名士，且乐意听人的善事，从不说人的短处。

戚同文贫贱不屈、刻苦好学、教诲无倦的精神，亦成为应天书院的学风和师风。

976年，戚同文去世，虽受赠礼部侍郎，但南都学舍的日常教学却一度中断。宋真宗即位后，宋州升为应天府。应天府民曹诚曾为南都学舍的学生，他对老师聚徒讲学的情景十分怀念，于是"以金300万"，在府城中戚同文私学旧舍建屋150间。并邀请戚同文之孙戚舜宾主持书院。

戚舜宾继承祖业，办学勤勉，"制为学规，课试讲肄，莫不有法"，"博延生徒，讲习甚盛"，使得书院声名远播。

1009年，曹诚将所建学舍和书籍全部入官，受到真宗皇帝的嘉许，下诏表彰，并御赐书院匾额"应天府书院"。同年2月24日，一块金光闪闪的宋真宗皇帝御赐的院额送抵应天府学舍。

从此，应天书院影响日增，成为北宋初期全国四大书院之一。

戚舜宾主持书院时，当时执教者，多是戚同文的再传弟子，如王砺第二子王渎、季子王洙，戚同文弟子嵇适之子嵇颖、好友韦襄之子韦不伐，以及学成于书院，后又授学于书院的范仲淹、石介等，均为书院的名师。

知识点滴

范仲淹执教书院的影响

989年的夏天，在徐州武宁军节度掌书记的家中，诞生了一个男孩，父亲给他取名为范仲淹，字希文。

范仲淹2岁时，父亲亡故。母子回苏州，贫无所依，于是母亲改嫁平江推官朱文翰，范仲淹随后改名"朱说"。

朱文翰后迁官开封，母子遂返山东。从此，范仲淹受尽童年之苦。待他年纪稍长后，继父让他学习商贾技艺，但是他皆不喜欢，唯愿读书。

由于社会和家庭的压力，范仲淹学习非常刻苦。他在澧泉寺读书3年，其间朱家败落，不久朱文翰辞世，谢氏从此承担了全部家庭负担。

范仲淹长大以后，知道了自己的身世，十分伤感，于是哭着告别母亲，前往应天府读书。在书院里，范仲淹刻苦学习，备尝艰辛。他"昼夜不息，冬月惫甚，以水沃面；食不给，至以糜粥继之。人不能堪，仲淹不苦也"。史有成语"划粥断齑"即源于此。

当时，范仲淹写有《南都学舍书怀》一诗，诗云：

白云无赖帝乡遥，汉苑谁人奏洞箫！

多难未应歌凤鸟，薄才犹可赋鹡鸰。

瓢思颜子心还乐，琴遇钟君恨即消；

但使斯文天未丧，涧松何必怨山苗。

此诗记述了范仲淹初来应天府的心境，诗中虽然流露出些许幽怨的情绪，但却充满了乐观与自信。

从1011年开始，范仲淹在书院熬过了5年的苦读生涯。

1012年，范仲淹提前参加御试未中，3年之后，范仲淹重振旗鼓再次参加御试，并以礼部第一，中乙科97名，荣登"蔡齐"榜，受到真宗皇帝的礼待并赐御宴。

范仲淹进士及第后，首任安徽广德司理参军三年，遂迁亳州集庆军推官。在谯郡从事3年后，又迁任西溪盐仓，晋兴化县令、楚州粮料院共4年。虽官职仅为九品县令，但他却将其学到的尧舜之道、治国方略，皆尽其力地为百姓谋福，为国家尽忠。在广德，他"日抱具狱与太守争是非"，"贫止一马，鬻马而归"。

1017年，范仲淹在亳州任上复范姓，此时与杨日严"甚乎神交"，"独栖难安"地为民兴利。在西溪，他立志为盐民解除潮患，修复捍海堰堤，开辟了泰、海、楚、通4州、8郡10余县180里的水利工程，动员了4万多民工并亲自总役工程的进程。

捍海堰堤工程未完，范仲淹复迁楚州粮料院。还未上任，突然传来"母丧应天府"的噩耗。他不得不去官，守丧应天府。第二次长居应天府达3年之久。

与范仲淹同榜进士，此时任应天府知府的蔡齐，新任留守原枢密副使晏殊，均知范仲淹在应天府守丧。当晏殊见到应天书院缺少良师时，便邀聘范仲淹主持应天书院。

范仲淹"不以一心之戚，而忘天下之忧"，毅然带丧主持应天书院。在执教期间，范仲淹精通《六经》，长于《易》，学者多从质问。"为执经讲解，亡所倦。尝推其俸以食四方游仕"。"日于府学之中观书肄业，敦劝徒众；讲习艺文，不出户庭；独守贫素，儒者之行实有可称"。"公尝宿学中，训导学者皆有法度，勤劳恭谨以身先之"。范仲淹诲人不倦、为人师表的操行令人赞叹。

当时在任的著名讲书还有王洙和稽颖等人，他们博学多才，教学有志，授徒有方，成绩卓著。

范仲淹因出身贫寒，所以对贫寒之士关爱有加。山东泰山有学生孙复在入学前，从山东来应天府向范仲淹求助，他解囊相助，赠钱一千缗。

过了一年，孙复又来求助，范仲淹又赠一千缗。范仲淹看他不像乞客，问他为何年年来，"汲汲于道路而误了学业"。

孙复戚然动色说："母老无以养活，若日得百钱，则甘旨足矣。"范仲淹说："补子为学职，月可得三千，以供养。子能安于学乎？"孙复大喜，随之笃学不舍昼夜，行复修谨，范仲淹很喜欢他。

后来，范仲淹服满复职，孙复去应举。景祐元年（1034年），孙复第四次科举落第，通过郓城举子士建中介绍，孙复认识了石介。石介在泰山筑室，邀孙复去讲学，并与张洞等执弟子礼师事孙复。

孙复居泰山8年，主要从事经学的研究与讲学，撰写了《易说》64篇、《春秋尊王发微》12卷等著作，声名渐显于世。

1042年，在范仲淹、石介等人的推荐下，孙复以布衣超拜，任秘书省校书郎、国子监直讲。他与石介一起，积极支持范仲淹等人的"复古劝学"主张，在太学实施举人应考须有听书日限及扩大太学录取人数等措施，使得学生人数骤增，北宋太学从此而兴。

孙复辛勤于治学，研究周、孔之道，先是追求科举与功名，后是研究学问与讲学，故而在40岁时尚未成婚。时任宰相李迪，深知孙复人品、学问俱佳，将其侄女嫁给了他。

李迪是宋真宗、仁宗时有名的大臣，地位、政绩显赫，为人处事亦很正派，他将侄女下嫁孙复，增其贤名，而世人则由此更知孙复之贤，孙复之学及其为人很快传闻于天下。

孔子的后裔孔道辅，时为龙图阁待制，很有声望，亦前来拜见孙复。当拜见时，石介就立侍孙复的左右，举行礼仪时，升降拜则扶持着，往谢孔道辅时亦然。

　　孙复所主持的泰山书院一时盛况空前，成为当时的一个学术活动中心。

　　孙复盛名在外，引起范仲淹、富弼等当朝一些大臣的关注，被任命为秘书省校书郎、国子监直讲。

　　由此，范仲淹不禁感慨地说，贫困实在是一种可怕的灾难，倘若孙复一直乞讨到老，这杰出的人才岂不湮没沉沦了！

　　范仲淹执教时，更是整饬院风、学风。首先是尊师重道的院风。范仲淹躬亲示范，他对晏殊的荐举之恩始终以门生师之，同时对博学的老师极力挽留。一代名儒王洙在应天书院教授期满，范仲淹代留守晏殊上书宋仁宗，留王洙继续在书院讲学。

　　在范仲淹的影响下，学生们更加注意严谨治学，对经学研究多求本意，少涉及注疏。

　　应天书院在范仲淹的主持下，成为全国四大书院之一，从范仲淹的《南京书院题名记》中可见一斑：

> ……风乎四方，士也如狂，望兮梁园，归与鲁堂。章甫如星，缝掖如云；讲议乎经，咏思乎文。经以明道，若太阳之御六合焉；文以通理，若四时之妙万物焉。诚以日至，义以日精。聚学为海，则九河我吞，百谷我尊；淬词为锋，则浮云我决、良玉我切……至于通《易》之神明，得《诗》之风化；洞《春秋》褒贬之法，达《礼乐》制作之情；善言二帝三王之书，博涉九流百家之说……观夫二十年间，相继登科而魁甲，英雄仪羽台阁，盖翩翩焉，未见其止。宜观名列，以劝方来，登斯缀者，不负国家之乐育，不孤师门礼教……抑又使天下庠序，视此而兴，济济群髦，咸底于道。则皇家三五之风，步武可到，戚门之光，亦无穷已。

晏殊在写给朝廷的《举范仲淹状》里，称范仲淹"独守贫素儒者之行，实有可称"，并且要求朝廷加以重用。

1028年冬天，范仲淹因办学成绩卓著，被提拔到中央任秘阁校理，离开应天府。

范仲淹在应天书院主持执教仅3年时间，但却为北宋兴学树立了光辉榜样，"天下庠序，视此而兴"其影响绵绵数代。

1035年，应天书院改为府学，并获学田10顷。1043年，应天书院又升府学为南京国子监。到了1502年，黄河泛滥，归德府城淤积地下，应天书院也随之被埋。

1511年，知州杨泰有在旧城北筑新城。同年，知州周冕继修，始告竣工，归德府迁入新城，就是现在的商丘古城，应天书院也随迁往城内。后知州刘信在这里建大门和仪门各3间，建大成殿、明伦堂各5间，左右斋房各60间。大成殿内立有孔子及其弟子的牌位，为祭孔之地。明伦堂为学堂，是学子应试之地。

1531年，明巡按御史蔡瑷将知州在商丘城西北隅建的社学改建，沿用旧名称"应天书院"。但是不久，宰相张居正于1579下令拆毁天下所有书院，应天书院也未能逃过此劫。

1601年，归德知府郑三俊重建"范文正公讲院"于归德府学东。他效法范仲淹的精神，亲自执书讲学，一时培养了许多杰出人才，诸如官至户部尚书的侯恂，南京国子监祭酒侯恪，兵部侍郎叶廷桂、练国事等，皆为郑氏赏拔。他们颇有范仲淹刚正不阿，崇志向、尚气节的精神，为官多著清声。

明代中后期，睢阳没于黄河，城址北迁，原讲院故址已无存。明亡清立。

1651年，重新恢复范文正公讲院，侯方域撰有《重修书院碑记》。

1674年，知府闵子奇又修书院，请来名师执教，"下帷讲学，有醇儒之风，学者翕然宗之"。康熙二十年（1681年），知县赵申桥将义学扩建，题名为"应天书院"。

1748年，知府陈锡格重修应天书院。1901年，朝廷废科举，兴学校，诏令各省的书院改为大学堂，各府、厅、直隶州的书院改为中学堂，各州县的书院改为小学堂。

1905年8月，范文正公讲院改为"归德府中学堂"。至此，应天书院完成了其历史使命。

知识点滴

1014年，宋真宗驾临应天府。同年正月二十九，升应天府为南京，改圣祖殿为鸿庆殿，并赐宴三日。

应天书院的学生倾巢而出，前往观看，唯独范仲淹仍在书院内读书。有同学问他，为何错失良机不去看看？

他回答说："异日见之未晚。"可见范仲淹在应天书院求学时顽强的毅力与远大的抱负。